essentials

Essentials liefern aktuelles Wissen in konzentrierter Form. Die Essenz dessen, worauf es als „State-of-the-Art" in der gegenwärtigen Fachdiskussion oder in der Praxis ankommt. Essentials informieren schnell, unkompliziert und verständlich.

- als Einführung in ein aktuelles Thema aus Ihrem Fachgebiet
- als Einstieg in ein für Sie noch unbekanntes Themenfeld
- als Einblick, um zum Thema mitreden zu können.

Die Bücher in elektronischer und gedruckter Form bringen das Expertenwissen von Springer-Fachautoren kompakt zur Darstellung. Sie sind besonders für die Nutzung als eBook auf Tablet-PCs, eBook-Readern und Smartphones geeignet.

Essentials: Wissensbausteine aus den Wirtschafts, Sozial- und Geisteswissenschaften, aus Technik und Naturwissenschaften sowie aus Medizin, Psychologie und Gesundheitsberufen. Von renommierten Autoren aller Springer-Verlagsmarken.

Lothar Peter

Georg Lukács. Kultur, Kunst und politisches Engagement

Prof. Dr. Lothar Peter
Universität Bremen
Bremen
Deutschland

ISSN 2197-6708 ISSN 2197-6716 (electronic)
essentials
ISBN 978-3-658-11457-2 ISBN 978-3-658-11458-9 (eBook)
DOI 10.1007/978-3-658-11458-9

Die Deutsche Nationalbibliothek verzeichnet diese Publikation in der Deutschen Nationalbibliografie; detaillierte bibliografische Daten sind im Internet über http://dnb.d-nb.de abrufbar.

Springer VS

Gedruckt auf säurefreiem und chlorfrei gebleichtem Papier

Springer Fachmedien Wiesbaden ist Teil der Fachverlagsgruppe Springer Science+Business Media (www.springer.com)

Vorwort

Abb. 1 Georg Lukács. (Quelle: Bundesarchiv Nr. 183 – 15304 – 0097)

Georg Lukács (1885–1971) gehört zu der nicht sehr großen Gruppe einflussreicher Intellektueller des 20. Jahrhunderts, für die, wie zum Beispiel auch für *Jean-Paul Sartre, Theodor W. Adorno oder Pierre Bourdieu,* Probleme der Kultur und des Ästhetischen eine zentrale Rolle spielten.

Dem großbürgerlichen Milieu des seinerzeit Habsburgischen Budapest entstammend, kam *Lukács* als Sohn einer jüdischen Mutter und eines nobilitierten jüdischen Bankiers schon früh mit Kreisen in Berührung (vgl. Raddatz 1972, S. 7 ff.), die sich sowohl vom damaligen „materialistischen" Zeitgeist distanzieren als auch eine sich von ihm befreiende Ethik und Ästhetik begründen wollten. Die Repräsentanten dieser Strömung erfuhren ihr Dasein als Gegensatz zu einer Welt, die ihr Bedürfnis nach geistig-kultureller Veredelung nicht zu befriedigen vermochte und sie zu einem elitären Selbstausschluss motivierte, ohne jedoch auf die materiellen Privilegien des Herkunftsmilieus zu verzichten. Abbildung 1 Georg Lukács:

Was Sie in diesem Essential finden können

- Einen Überblick über die Biographie eines der bedeutendsten Intellektuellen des 20. Jahrhunderts
- Die Wiedergabe eines klassischen Beispiels marxistischer Kulturkritik („Geschichte und Klassenbewußtsein“)
- Eine Darstellung von Zusammenhängen zwischen Literatur, Gesellschaft und Politik
- Die Skizzierung des Versuchs, eine historisch-materialistische Theorie der Ästhetik zu entwickeln.

Inhaltsverzeichnis

Lebensphilosophische Intuitionen 1

Seelische Spannungszustände, existentielle Heimatlosigkeit und Entfremdung von der hegemonialen bürgerlichen Kultur kennzeichneten die Erfahrungen jener Intellektuellengeneration, die sich am Ende des 19. und zu Beginn des 20. Jahrhunderts der Zwänge bürgerlicher Wertvorstellungen und Stereotype zu entledigen suchten. Dabei trat bei *Lukács* selbst das Interesse am Ästhetischen als entscheidender Dimension subjektiver Selbstfindung in den Vordergrund. In der Kunst sah er den Gegenentwurf zu einer von instrumenteller Vernunft, Fortschrittseuphorie und ökonomischem Gewinnstreben besessenen Moderne. Das fand seinen literarischen Niederschlag zunächst in der Essay-Sammlung „*Die Seele und die Formen*" (Lukács 1971/1911), die mehrere vorher bereits in ungarischer Sprache erschienene Beiträge über *Novalis, Stefan George, Sören Kierkegaard* u. a. vereinigte. Hier versuchte er, Literatur und Philosophie als Manifestationen authentischen Lebens vor den Zumutungen des Rationalismus und der Rechenhaftigkeit modernen Denkens zu bewahren. *Novalis* erschien ihm als derjenige Dichter der Romantik, der Poesie nicht nur als das eigentliche Elixier des Lebens betrachtete, sondern sie auch mit der Tragik der Existenz konfrontierte.

Obwohl *Lukács* in „*Die Seele und die Formen*" vor allem nach Möglichkeiten suchte, dem „Leben" einen künstlerisch adäquaten Ausdruck zu geben und damit von der empirischen Realität abzuheben, zeichnete sich bereits hier schon ansatzweise ab, dass er sich nicht definitiv von dieser Realität zu isolieren gedachte. Am Beispiel von *Theodor Storm* glaubte er zeigen zu können, dass zwischen „Bürgerlichkeit und l'art pour l'art" (ebd., S. 82) kein unauflösbarer Widerspruch bestehen müsse, sofern man Bürgerlichkeit nicht auf das „Bourgeoisdasein" (ebd., S. 82) der Moderne reduziere, welche das Leben durch ständige Arbeit antreibe und verschleiße. Diesem „Bourgeoisdasein" setzte er ein Ideal von Bürgerlichkeit entgegen, in dem der „bürgerliche Beruf als Form des Lebens" zum „Primat der Ethik im Leben" (ebd., S. 84) erhoben wurde und zwar einer Ethik, in der Pflicht-

L. Peter, *Georg Lukács. Kultur, Kunst und politisches Engagement,* essentials,
DOI 10.1007/978-3-658-11458-9_1

erfüllung, Verlässlichkeit, Fleiß und die Hingabe an die Sache das Handeln der Einzelnen bestimmen. Eine solche Ethik entdeckte *Lukács* also schon während seiner „lebensphilosophischen Phase" im Werk der deutschen Schriftsteller des 19. Jahrhunderts, die später seine Beschäftigung mit dem literarischen Realismus dominieren sollte. Sie hätten, so *Lukács*, mit der „primitiven Anständigkeit des Handwerkers" (ebd., S. 90) ihre Arbeit verrichtet, ohne sie zur Negation des Lebens zu verabsolutieren. Vielmehr hätten *Storm, Mörike, Keller* und *Fontane* ihre Arbeit letztlich nicht als ästhetizistischen Selbstzweck zelebriert, sondern als – wenn auch zutiefst loyale – „Begleitung" der „Melodie des Lebens" (ebd., S. 86) empfunden. Während die Repräsentanten eines verselbständigten Prinzips reiner Kunst ihre Tätigkeit über „das Leben" stellten, hätten die literarischen „Handwerker", also die genannten bürgerlichen Schriftsteller, ihre Arbeit als Weg zum Leben als der entscheidenden Dimension menschlichen Daseins aufgefasst.

2 Annäherung an die gesellschaftliche Totalität: „Die Theorie des Romans"

Schon früh deutete sich also bei *Lukács* jene Sympathie für den literarischen Realismus des 19. Jahrhunderts an, der später ins Zentrum seiner Kunst- und Literaturauffassung treten sollte. Obwohl er, als er „*Die Seele und die Formen*" veröffentlichte, den Gegensatz zwischen „Leben" und Wirklichkeit intellektuell noch nicht zu lösen vermochte, weil ihm die Realität mit für die Kunst unüberwindbaren Mauern umgeben schien, hielt ihn das Spannungsverhältnis zwischen Kunst und geschichtlich-sozialer Wirklichkeit weiterhin in seinem Bann. Zwar überwog während der „lebensphilosophischen" Phase die Erfahrung einer durch ökonomische und technische Rationalisierung überwältigten Kultur, aber auch schon hier lassen sich Anzeichen einer Entwicklung wahrnehmen, die ihn später dazu führten, das Verhältnis der Schriftsteller zur realen Welt nicht mehr als resignativen Rückzug in ästhetizistische Innerlichkeit zu akzeptieren. In der „*Theorie des Romans*" (Lukács 2009/1916) schlug *Lukács* Töne an, in denen die Möglichkeit einer gelingenden literarischen Aneignung von Wirklichkeit anklangen, die weder mit einem nostalgischen Blick auf eine vergangene ideale Bürgerlichkeit endet noch zu ästhetischer Realitätsabstinenz Zuflucht nimmt. Zwischen „*Die Seele und die Formen*" und der „*Theorie des Romans*" lag ein Lernprozess, in dem die lebensphilosophische Grundierung von einer neuen Tendenz der Wirklichkeitsannäherung abgelöst wurde. Ausschlaggebend dafür waren unter anderem der Besuch von Vorlesungen bei *Georg Simmel* in Berlin (1909/1910) und der 1912 beginnende Aufenthalt in Heidelberg, wo er mit dem Kreis um *Max Weber* in Kontakt kam und er sich vor allem von *Emil Lask*, einem Schüler der neukantianischen Philosophen *Heinrich Rickert* und *Wilhelm Windelband,* sowie *Wilhelm Diltheys* antipositivistischer Version der „Geisteswissenschaften" faszinieren ließ (vgl. Lichtheim 1971, S. 14), um sich schließlich intensiv mit *Hegel* zu beschäftigen. „*Die Theorie des Roman*", die ihren Autor weithin bekannt machte, kann wesentlich als Resultat dieser *Hegel*-Lektüre verstanden werden.

L. Peter, *Georg Lukács. Kultur, Kunst und politisches Engagement,* essentials,
DOI 10.1007/978-3-658-11458-9_2

Auch in der „*Theorie des Romans*" stand die Antinomie von Kunst und geschichtlich-sozialem Sein noch im Mittelpunkt und auch hier suchte *Lukács* nach der Möglichkeit, diese Antinomie zu überwinden, ohne einerseits im Ästhetizismus zu landen oder sich andererseits den Zwängen bürgerlicher Konvention zu fügen. Er suchte dieses Problem zu lösen, indem er eine Typologie des Romans konstruierte, welche die Geschichte der großen Romanformen als Trennung zwischen klassischer griechischer Epopöe und neuzeitlichem Roman abbildete. In der Epopöe eines *Homer* sah er die fraglose Anerkennung einer in sich geschlossenen homogenen, ihren Zweck in sich selbst findenden Welt, in der die einzelnen Ereignisse nur die Funktion der Bestätigung des Ganzen zu erfüllen hatten.

In diesem Zusammenhang avancierte der *Hegelsche* Begriff der Totalität zur Schlüsselkategorie des *Lukács'schen* Denkens und behielt seinen zentralen Stellenwert bis zum Ende seines Lebens. Ob die Welt sich als Totalität eines sinnhaften Ganzen entfalten kann oder sich dem Einzelnen als Zerrissenheit und exkludierende Gewalt aufzwingt, entscheidet über das spezifische Wesen des Romans.

In einem ersten von *Lukács* ausgemachten Typ des Romans befindet sich der Held bereits auf der Verliererstraße derjenigen, deren Bewusstsein eine schon zerfallene Welt in die Wirklichkeit projiziert. Die daraus entstehende Paradoxie einer wahnhaften Umcodierung der empirischen Realität in die fiktive symbolische Ordnung des Vergangenen, Nichtmehrexistenten verurteilt den Helden und damit diejenigen, die er repräsentiert, zu tragischer Einsamkeit, weil seine Projektionen an der machtvollen Trivialität des real Gegebenen scheitern müssen.

Lukács bezeichnete den so bestimmten Romantyp als den des „abstrakten Idealismus" und *Cervantes* als seinen überragenden Repräsentanten. Nur vordergründig erscheine „*Don Quixote*" als Parodie damaliger Ritterromane, so *Lukács,* in Wahrheit sei er das großartige Zeugnis einer einst durch Gott gesicherten, nun aber verloren gegangenen „transzendentalen Beziehung" des Menschen auf das „gesamte Sein". Als zweiten Typ sah *Lukács* den „Desillusionsroman" des 19. Jahrhunderts. Damit glaubte er den Charakter einer Romanliteratur zu erfassen, die das Wesentliche des Lebens in einen Kosmos subjektiver Innerlichkeit verlegt, weil die objektiven Strukturen der Gesellschaft jeden Sinn für ihre subjektive Gestaltung verloren haben.

Zu den Vertretern des „Desillusionsromans" rechnete *Lukács* u. a. *Jens Peter Jacobsen, Iwan Gontscharow* und vor allem *Gustave Flaubert.* Im Unterschied zum Roman des „abstrakten Idealismus" würden die Protagonisten des „Desillusionsromans" in ihrem Handeln nicht mehr auf eine sie überholende Wirklichkeit stoßen, sondern sich vor der Wirklichkeit überhaupt zurückzuziehen, um die „Werte des Seins" nur noch nach ihrer Relevanz für das innere seelische Erleben zu bemessen, eine Haltung, die literarisch allerdings mit einer Fragmentierung der Form bezahlt werden müsse. Selbst *Goethe*, mit seinem Entwicklungsroman „*Wilhelm Meister*" Repräsentant eines dritten Romantyps, sei es letztlich nicht gelungen, die Spaltung zwischen Subjektivität und objektivem Sein zu überwinden, obwohl er versucht habe, die gegensätzlichen Logiken beider Momente in einer neuen Synthese aufzuheben.

Ebenso wenig wie *Goethe* habe es *Tolstoi* vermocht, die Grenzen der Desillusionsromantik zu überschreiten, obwohl in einzelnen Teilen seines Werks die Möglichkeit aufleuchte, eine alle Facetten der Wirklichkeit aufnehmende Totalität und so eine den Riss zwischen Kultur und Natur heilende Perspektive zu entfalten. Dafür aber sei die Form des modernen Romans nicht geeignet; denn für die Verwirklichung dieser Perspektive bedürfe es „der erneuerten Form der Epopöe" (Lukács 2009, S. 118).

3 Von der Kulturkritik zum politischen Engagement

Mit der Rückkehr von Heidelberg nach Budapest 1915 begann für *Lukács* intellektuell eine – relativ kurze, aber intensive – Übergangsperiode von der primär lebensphilosophisch akzentuierten Orientierung zur spektakulären Entscheidung für Marxismus und Kommunismus, die sich konkret im Eintritt in die 1918 gerade gegründete Kommunistische Partei Ungarns (KPU) manifestierte (Kammler 1974, S. 66). Vermittelt wurde dieser abrupt erscheinende Schritt jedoch durch einen 1915 in Budapest entstandenen, den Namen „*Sonntagskreis*" tragenden Intellektuellenzirkel, der zahlreiche, später teilweise international bekannt gewordene Wissenschaftler und Künstler zusammenführte, so zum Beispiel den Wirtschaftshistoriker *Karl Polányi,* seinen Bruder, den Chemiker *Michael (Mihály) Polányi*, den Psychologen *René Spitz*, den Kunsthistoriker *Arnold Hauser*, den Soziologen *Karl Mannheim*, die Musiker *Zoltán Kodály* und *Béla Bartók*, aber auch den marxistisch-syndikalistischen Theoretiker *Ervin Szabó* (Karádi und Vezér 1985). Neben dem Schriftsteller *Belá Balázs* spielte *Lukács* im „*Sonntagskreis*", der eine von jeder äußeren Reglementierung freie Diskussion ermöglichte, eine überragende Rolle. Die Gespräche des Kreises fanden in einer von den Beteiligten selbst als überaus anregend empfundenen, teils bohèmehaften, teils von bestimmten symbolischen Ritualen geprägten Atmosphäre statt, deren archimedischen Punkt ein kritischer Pluralismus im Verhältnis zu den seinerzeit tonangebenden Diskursen in der Philosophie und den Sozialwissenschaften bildete. Die Ablehnung monistischer und materialistischer Weltdeutungen sowie der Reduktion geistiger Phänomene auf nicht-geistige Kausalfaktoren einerseits, die Anerkennung der jeweiligen Autonomie unterschiedlicher Kultursphären andererseits charakterisierten das ungeschriebene programmatische Selbstverständnis des Kreises. Nach außen traten Akteure des Kreises in der von ihnen gegründeten „*Freien Schule für Geisteswissenschaften*" hervor, wo sie vor einem gebildeten Publikum Vorlesungen hielten (Karádi und Vezér 1985, S. 159 ff.). Dort war die Krise der Kultur und die

L. Peter, *Georg Lukács. Kultur, Kunst und politisches Engagement,* essentials,
DOI 10.1007/978-3-658-11458-9_3

Notwendigkeit einer moralisch-intellektuellen Erneuerung das vorrangige Thema, ohne dass dem Politischen schon besondere Aufmerksamkeit gewidmet worden wäre. Umso erstaunlicher erscheint deshalb die Tatsache des Eintritts von *Lukács* in die KPU, wo er bald als Redaktionsmitglied der theoretischen Zeitschrift der Partei arbeitete, ehe er in der revolutionären ungarischen Räterepublik 1919 zum Volkskommissar für Bildung ernannt wurde (vgl. Kammler 1974, S. 68 f.; Lukács 1981, S. 96–112). Obwohl diese politische Entscheidung auf den ersten Blick unvermittelt und spontaneistisch erscheint, war sie nicht zufällig. Vielmehr resultierte sie aus einer gleichsam subkutan entstandenen Disposition, die sich aus mehreren Motiven zusammensetzte: erstens war die kulturkritische Einstellung von *Lukács* für radikale politische Gesellschaftskritik anschlussfähig. Zweitens gehörte *Lukács* zu den wenigen Intellektuellen, die den Krieg von Anfang an abgelehnt hatten. Drittens hatte ihn sein *Hegel* -Studium immer näher an *Marx* und den Marxismus herangeführt. Viertens hatte er schon seit Beginn des neuen Jahrhunderts Kontakte zu Persönlichkeiten wie *Ervin Szabó*, der beeinflusst von *Marx*, aber auch von anarchosyndikalistischen Ideen, auch in der Budapester Intellektuellenszene Zustimmung fand (Kammler 1974, S. 60 ff.).

4 Innovativer Marxismus: „Geschichte und Klassenbewußtsein"

Mit seinen 1923 unter dem Titel „*Geschichte und Klassenbewußtsein*" (Lukács 1967) veröffentlichten Aufsätzen avancierte *Lukács* dann spektakulär zu einem der prominentesten Theoretiker des europäischen Marxismus.

Ausgehend vom unmittelbaren Bevorstehen der proletarischen Revolution suchte *Lukács* nach den konstitutiven Bedingungen ihrer praktischen Durchführung. Im Gegensatz zu den deterministischen Zusammenbruchsszenarien der II. Internationale, aber auch im Gegensatz zu den revisionistischen Prognosen eines allmählichen Hineinwachsens in den Sozialismus fokussierte *Lukács* auf das Klassenbewusstsein des Proletariats als dem entscheidenden Agens der Revolution. Wie dieses Klassenbewusstsein zu bestimmen sei, wie es entstehe und warum ihm der Primat im revolutionären Prozess zukomme, das waren die sich *Lukács* nun stellenden wesentlichen Fragen.

Er begann seine Analyse mit einer allgemeinen Definition von Klassenbewusstsein. Sich gegen bürgerliche Auffassungen in der Geschichtswissenschaft abgrenzend, die Bewusstsein auf das empirische psychologische Bewusstsein der Individuen verkürzten und deshalb den totalitätsbezogenen gesellschaftlichen Charakter des Bewusstseins sozialer Klassen nicht erkennen könnten, betonte *Lukács*, dass Klassenbewusstsein über die Summe subjektiver Bewusstseinsakte qualitativ hinausgehe, weil es als Kollektivbewusstsein auf das Ganze der Gesellschaft gerichtet sei. Insofern könne man von Klassenbewusstsein überhaupt erst sprechen, wenn Menschen ihre Lage und ihre Interessen hinsichtlich des Gesamtaufbaus von Gesellschaft „vollkommen zu erfassen" (Lukács 1967, S. 62) fähig seien. Indem er so seine Vorstellung von Klassenbewusstsein von der Faktizität unmittelbarer individueller Erfahrung löste, war es ihm möglich, die „Kategorie der objektiven Möglichkeit" einzuführen, um den idealtypischen Charakter von revolutionärem Klassenbewusstsein als einer die gesellschaftliche Totalität reflektierenden geistigen Verfassung von der Heterogenität nicht-revolutionärer individueller Bewusst-

L. Peter, *Georg Lukács. Kultur, Kunst und politisches Engagement,* essentials,
DOI 10.1007/978-3-658-11458-9_4

seinslagen klar unterscheiden zu können. Sich begrifflich auf *Max Weber* stützend sprach er von Klassenbewusstsein als der einer bestimmten Lage im gesellschaftlichen Reproduktionsprozess „zugerechneten", also ihr idealtypisch angemessenen Reflexionsform. Nur wenn Bewusstsein auf die „typische Lage im Produktionsprozeß zugerechnet" (Lukács 1967, S. 62) werden kann, kann es als Klassenbewusstsein bezeichnet werden.

In der Ware, ihrer Produktion und ihrem Austausch manifestiert sich das universelle Charakteristikum der bürgerlich-kapitalistischen Gesellschaft, das nicht nur die Ökonomie, sondern „das *ganze* äußere wie innere Leben der Gesellschaft" (Lukács 1967, S. 95), also die gesamte Kultur, durchdringt. Die „Universalität der Warenform" (Lukács 1967, S. 98) beinhaltet eine Abstraktion sowohl von den konkreten Gebrauchswerten der einzelnen Waren als auch von der konkreten Arbeitstätigkeit der unmittelbaren Produzenten. Letzteres äußert sich im Prozess der kapitalistischen Arbeitsteilung, der zu einer immer rigoroseren Zergliederung der menschlichen Arbeit führt und im System des Taylorismus seine radikalste Ausprägung erfährt. Subjektiv stellt sich den Lohnarbeitern der kapitalistisch rationalisierte Arbeitsprozess als „Isolierung und Atomisierung" (Lukács 1967, S. 103) dar, die zwar den objektiven Vergesellschaftungszusammenhang kapitalistischer Produktion und Reproduktion verdecken, aber der individuellen Erfahrungssituation der Lohnarbeiter entsprechen. Mit *Max Weber* spricht *Lukács* hier von „Rationalisierung" als einem nicht nur den industriellen Arbeitsprozess, sondern alle gesellschaftlichen Subsysteme beherrschenden Prinzip. Auch das Proletariat bleibt trotz seiner objektiv antagonistischen Stellung zur Bourgeoisie in seinem Bewusstsein von der verdinglichenden Macht kapitalistischer Rationalisierung nicht unberührt, denn die „Verdinglichung aller Lebensäußerungen teilt das Proletariat (also) mit der Bourgeoisie" (Lukács 1967, S. 165). Warencharakter und Rationalisierung der kapitalistischen Produktion verfestigen sich so zur „zweiten Natur" auch der proletarischen Subjektivität, aber indem der Kapitalismus diese Verdinglichung des Arbeiterbewusstseins durch Technisierung und Rationalisierung auf die Spitze treibt, schafft er gleichzeitig objektiv die „*unerlässliche Vorbedingung* der Entwicklung des Proletariats zur Klasse" und damit die Voraussetzung dafür, dass das Proletariat aufgrund seiner objektiven Klassenlage fähig wird, Wesen und Totalität der Gesellschaft zu erkennen. Indem sich das Proletariat – im Unterschied zu anderen Klassen, insbesondere der Bourgeoisie – der immanenten Widersprüche des Kapitalismus als gesellschaftlicher Totalität bewusst werden kann, versetzt es sich geschichtlich in die Lage, den Bann der Verdinglichung zu durchbrechen. Es wird zum hegelianisch konzipierten „identischen Subjekt-Objekt der Geschichte" (Lukács 1967, S. 216), weil es, was keiner anderen Klasse möglich ist, die Spaltung zwischen Bewusstsein und Gesellschaft aufzuheben vermag. Damit erweist sich revolutionäres Klassenbewusstsein und nicht etwa – wie ein unter dem Zwang verdinglichenden Denkens von bestimmten Kräften in der Arbeiterbewegung suggeriert – ein ökonomischer Krisenautomatismus oder ein evolutionärer Mechanismus sozialen Wandels als die entscheidende geschichtliche Potenz der Überwindung des Kapitalismus. Zwar muss dieses Klassenbewusstsein praktisch werden, aber der Erfolg revolutionärer Praxis setzt notwendig die Entfaltung von Klassenbewusstsein als Totalitätsbewusstsein voraus.

„*Geschichte und Klassenbewußtsein*" war in der Kommunistischen Internationale (KI) heftig umstritten und wurde ideologisch als „Linksabweichung" (vgl. Marxismus-Kollektiv 1969) geächtet, weil *Lukács* die konkreten Bedingungen proletarischer Ausbeutungserfahrungen ausgeklammert und Klassenbewusstsein voluntaristisch zu einer Kategorie des geschichtlichen „Sinns" (Rudas, S. 45) hypostasiert habe. *Lukács* sah sich deshalb zur Selbstkritik gezwungen, was aber nicht verhinderte, dass „*Geschichte und Klassenbewußtsein*" als ein den „westlichen Marxismus" (Anderson 1978) mitbegründendes und inspirierendes Werk bis in die Gegenwart hinein auf den gesellschafts- und kulturkritischen Diskurs eine außergewöhnlich intensive Wirkung entfaltet hat. Die Rezeptionslinie reicht von *Walter Benjamin* und *Ernst Bloch* über *Lucien Goldmann* und *Theodor W. Adorno* bis zu *Jürgen Habermas*. Während der Bewegung von 1968 erfuhr das Werk von *Lukács*, insbesondere „*Geschichte und Klassenbewußtsein*", eine Renaissance, an der auch der Studentenführer *Rudi Dutschke* (unter anderem mit einem Besuch bei *Lukács* 1966) beteiligt war (Dannemann 2009). *Axel Honneth* als Repräsentant der Kritischen Theorie nach *Habermas* hat dem Thema der „Verdinglichung" 2005 erneut eine explizit auf *Lukács* rekurrierende Studie gewidmet (Honneth 2005). Auch wenn das Verdinglichungstheorem von *Lukács* heute meist für einseitig und überholt gehalten wird, findet seine wegweisende Funktion für gesellschaftskritisches Denken noch immer allgemein Anerkennung.

5 Von der politischen Programmatik zur Kritik des Expressionismus

Die ungarische Räterepublik konnte sich nur wenige Monate halten und wurde blutig niedergeschlagen. Als einer ihrer wichtigsten Exponenten musste auch *Lukács* fliehen. Er suchte Zuflucht in Wien, wo er aber bald auf Betreiben der österreichischen Rechten verhaftet wurde. Ein Aufruf namhafter Intellektueller, darunter *Richard Dehmel*, *Paul Ernst*, *Alfred Kerr*, *Heinrich* und *Thomas Mann*, trug dazu bei, dass er Anfang 1920 aus der Internierung entlassen wurde (Kammler 1974, S. 141). Im österreichischen Exil leitete er die Zeitschrift „Kommunismus", das theoretische Organ der KI für Südosteuropa, musste diese Funktion aber auf Betreiben der KI schon 1921 wieder aufgeben. Während der folgenden Jahre bis 1929 widmete sich *Lukács* hauptsächlich der illegalen Arbeit in der KPU, wo er 1928 eine neue programmatische Konzeption, die sogenannten „*Blum-Thesen*" (*Blum* war ein Pseudonym von *Lukács*) entwickelte, die im Gegensatz zu der gleichzeitig erfolgenden ultralinken Wendung der KI sowie der Parteimehrheit der KPU standen. Statt für die „Diktatur des Proletariats" plädierte *Lukács* für eine „dialektische Übergangsform zur Revolution" (Kammler 1974, S. 329), für eine „demokratische Diktatur", die, eine längere Übergangsperiode zum Sozialismus vorsehend (vgl. Lichtheim 1971, S. 45), sich nicht auf das revolutionäre Proletariat beschränken, sondern auch auf andere soziale Schichten, vor allem die Bauernschaft, stützen sollte. Damit nahm *Lukács* eine zentrale Idee der „Volksfront"-Strategie der KI vorweg (vgl. Weber 1966), die unter dem Eindruck des Sieges des Faschismus seit 1935 für die kommunistischen Parteien verbindlich wurde. 1928 jedoch, also zu dem Zeitpunkt, als die „*Blum-Thesen*" veröffentlicht wurden, beschuldigten sowohl die Führung der KI als auch der KPU *Lukács* einer die führende Rolle des revolutionären Proletariats angeblich missachtenden „Rechtsabweichung", so dass sich der Angegriffene 1929 erneut dem politischen Ritual der Selbstkritik beugte (Kammler 1974, S. 332). Will man die geradezu demonstrative Bereitschaft von *Lukács* zur Selbstkritik erklären, so kommt man der Wahrheit wohl am nächsten,

L. Peter, *Georg Lukács. Kultur, Kunst und politisches Engagement*, essentials,
DOI 10.1007/978-3-658-11458-9_5

wenn man sie als Versuch, genauer als eine pragmatische Notlösung interpretiert, um die Verbindung zur kommunistischen Bewegung nicht definitiv zu verlieren und wenigstens ein Minimum an politischem Handlungsspielraum zu bewahren. In seinem Verhalten Opportunismus und Feigheit entdecken zu wollen, scheint wenig überzeugend, hatte *Lukács* doch mehrfach seinen persönlichen Mut bewiesen.

Nach dem Misserfolg der „*Blum-These*" zog sich *Lukács* aus der unmittelbar parteipolitischen Arbeit zurück, um sich vor allem literaturpolitischen Aktivitäten wie der Mitarbeit an der KPD-nahen Zeitschrift „*Linkskurve*" des „Bundes proletarisch-revolutionärer Schriftsteller" (BPRS) zu widmen (vgl. Gallas 1971), ehe er dann 1933 in die Sowjetunion emigrierte, wo er bis 1944 blieb.

Eine kontroverse Debatte innerhalb der linken Intellektuellen löste seine Stellungnahme zum Expressionismus aus, die zwar erst 1934, also längst nach dem Ende des Expressionismus, veröffentlicht wurde, aber ein aktuelles Ziel verfolgte, nämlich möglichst große Teile der nicht-faschistischen Intelligenz für den gemeinsamen Kampf mit dem Proletariat gegen die faschistische Diktatur zu gewinnen.

Unter dem Titel „*Größe und Verfall des Expressionismus*" – der Artikel erschien 1934 in der Zeitschrift „Internationale Literatur" in Moskau – unternahm *Lukács* einen Frontalangriff auf den Expressionismus (Lukács 1969, S. 7–42). Er warf seinen Akteuren vor, trotz ihres antibürgerlichen Habitus die wirklichen Widersprüche des Imperialismus zu verschleiern und zu mystifizieren. In ihrer Haltung sah er eine klassentypische Reaktion der zwischen Proletariat und Großbourgeoisie hin- und herschwankenden kleinbürgerlichen, bohèmehaften Intellektuellen, deren Opposition gegen das herrschende gesellschaftliche System nicht über Symptomkritik, nicht über ein Unbehagen an Phänomenen der gesellschaftlichen „Oberfläche" – ein bevorzugter Begriff von *Lukács* – hinausgehe, aber das Wesen des Imperialismus, seine sozialökonomischen Antagonismen und die aus ihnen notwendig resultierenden Klassengegensätze entweder nicht wahrnehmen wolle oder nicht wahrnehmen könne. So verwandle sich die expressionistische Pseudokritik in eine faktische Apologetik des Kapitalismus und dessen herrschender Klassen:

> Die Eigenart der expressionistischen Gesellschaftskritiker ist bloß, dass sie noch mehr auf der ideologischen Oberfläche haften bleiben: ihre ‚Antibürgerlichkeit' hat im Allgemeinen in der Vorkriegszeit einen Bohèmecharakter. (Lukács 1969, S. 17)

Zwar gestand *Lukács* expressionistischen Künstlern und Schriftstellern subjektive Lauterkeit ihres Protest zu, beschwor aber gleichzeitig die Gefahr, dass die expressionistische „Antibürgerlichkeit" in eine „Kritik von rechts" (Lukács 1969) und damit in eine Stimmung umschlagen könne, welcher der Faschismus seine Massenbasis mitverdanke. Wiederholt aus Äußerungen und Publikationen expressionistischer Autoren zitierend, so zum Beispiel von *Ludwig Rubiner*, *Kurt Hiller* und besonders aus der seinerzeit viel beachteten theoretischen Schrift „*Abstraktion und Einfühlung*" von *Wilhelm Worringer* 1908 (Worringer 1996), versuchte *Lukács* seinen massiven Angriff zu untermauern, der darauf hinauslief, den Expressionismus der ideologischen Komplizenschaft mit Imperialismus und Faschismus anzuklagen. Dabei lassen sich zwei Ebenen der Kritik erkennen. Erstens stellte er den Expressionismus in einen engen Zusammenhang mit der politischen Ideologie der Unabhängigen Sozialdemokratischen Partei Deutschlands (USPD), einer während des Krieges entstandenen linken Abspaltung von der SPD und ihrer kriegsbejahenden Politik des „Burgfriedens". Indem, so *Lukács,* die USPD einen abstrakten Pazifismus propagierte, der die Unterordnung der proletarischen Massen unter die „imperialistischen Klassenziele der Bourgeoisie" (Lukács 1969, S. 25) gefördert habe, sei er auch zum Ausdruck des Expressionismus geworden, dessen Vertreter sich selbst oft als Sprachrohr dieser USPD-Ideologie betätigt hätten. Das allerdings dürfe weder auf eine intentionale Strategie noch auf moralische Insuffizienz, auf „Betrug" oder „Verrat" zurückgeführt werden, sondern sei den „rückständig-kleinbürgerlichen Klasseninhalten" (Lukács 1969, S. 26) geschuldet, von denen sich die expressionistischen Intellektuellen nicht zu lösen vermocht hätten.

Die zweite Ebene bezog sich auf Methode und Form expressionistischer Kunst und Literatur. Der ambivalenten sozialen und politischen Mentalität der Expressionisten entspreche eine „schöpferische Methode" (Lukács 1969, S. 31), die sich in einer Hypostasierung des „Wesens" einer an sich chaotischen, nicht beherrschbaren Welt äußere. Während Naturalismus und Impressionismus zwar ebenfalls die Wirklichkeit subjektiviert, ihr aber eine Eigenständigkeit nicht abgesprochen hätten, habe der Expressionismus dem, was er als „Wesen" bezeichne, eine ausschließlich durch die Subjekte selbst gesetzte Priorität eingeräumt. Autoren wie *Wilhelm Worringer, Kurt Pinthus*, der Herausgeber der berühmten Anthologie „*Menschheitsdämmerung*", *Max Picard*, ein Kultur- und Kunstphilosoph, *Franz Werfel* und andere bezeugten emphatisch, dass sich ihr Anspruch „totaler Gestaltung" der Aufgabe einer Gestaltung der realen gesellschaftlichen Totalität verweigere. Anstatt sich mit den inneren Gesetzmäßigkeiten und Zusammenhängen der Gesellschaft als objektiver Wirklichkeit auseinander zu setzen, ergehe sich der Expressionismus in einem Kult des Zusammenhanglosen, Assoziativen, Atomisierten und Übersteigerten. Das aber führe unvermeidlich zu einem „unauflösbare(en) Antagonismus zwischen Inhalt und Form" (Lukács 1969, S. 39).

Lukács' Abrechnung mit dem Expressionismus gipfelte in der geradezu abstrusen These, dass dieser sich für die faschistische Ideologie als durchaus kompatibel erweise, auch wenn das nicht in der Absicht der Expressionisten gelegen haben möge. Aber ebenso wie der Expressionismus von der Wirklichkeit abstrahiere (vgl.

Lukács 1969, S. 40) und sie durch ein fiktives „Wesen“ ersetze, mystifiziere auch der Faschismus die gesellschaftliche Wirklichkeit. Obwohl der Faschismus den Expressionismus nicht ungeteilt gutheiße, könne er dessen „schöpferische Methode“ für seine eigene Ideologie instrumentalisieren.

Gegen die ebenso grobmaschige wie dezisionistische Expressionismus-Auffassung von *Lukács* sprechen unter anderem folgende Gründe:

1. Dass Kunst und Literatur nur dann ihre spezifische ästhetische Erkenntnisfunktion erfüllen können, wenn sie nach Formen suchen, durch die sich die Welt in ihrer Widersprüchlichkeit und Dynamik artikulieren lässt, sie also immer auch neuer künstlerischer Mittel und Formen bedürfen, vermochte *Lukács* vor allem deshalb nicht zu begreifen, weil er sich hinter einem auf den Realismus des 19. Jahrhunderts fixierten Dogma künstlerischer Wirklichkeitsbearbeitung verschanzte. Es schloss jeden Vorstoß auf noch ungesicherte Territorien künstlerischer Gestaltung, jedes Experimentieren mit bisher unbekannten Mitteln und Methoden aus und belegte alle avantgardistischen Ambitionen mit dem Bann der Wirklichkeitsverneinung. Spezifische ästhetische Merkmale des Expressionismus wie Abstraktion von der Gegenständlichkeit, Demontage konventioneller Ausdruckformen und ihrer bildnerischen und semantischen Mittel, Verdichtung der empirischen Welt zu ihrer seelischen und geistigen Substanz verwarf Lukács als Sakrileg an seinem Ideal der Geschlossenheit, Kontinuität und Totalität.
2. *Lukács* vermittelte den Eindruck, als sei der Expressionismus eine einheitliche Bewegung gewesen, deren Akteure trotz manchmal gegenteiliger Motive und Absichten nicht vom „Boden des imperialistischen Parasitismus“ (Lukács 1969, S. 42) lösen konnten und damit objektiv dem Sieg des Faschismus in die Hände spielten. Das ist schon insofern unzutreffend, als das, was allgemein Expressionismus genannt wird, eine überaus heterogene Struktur aufweist. So bestand zum Beispiel zwischen dem elitären Sendungsbewusstsein eines *Kurt Hiller* und seinem Projekt eines „Rates geistiger Arbeiter“ (vgl. Peter 1972, S. 61 ff.) einerseits und den sich proletarisch-revolutionären Positionen annähernden Schriftstellern wie *Ludwig Rubiner*, *Johannes R. Becher* oder *Ernst Toller* nicht zu übersehende Unterschiede, von einem Vergleich zwischen *Gottfried Benn* und den „linken“ Expressionisten ganz zu schweigen. *Franz Werfel*, den *Lukács* bevorzugt ins Visier nahm, schrieb nach seiner Lyrikphase Ende der zwanziger Jahre Romane, deren sozialkritischer Inhalt jede Assoziation an Imperialismus und Faschismus ins Reich willkürlicher Behauptung verweist.
3. Dass *Lukács* zwischen Expressionismus, der Ideologie der USPD und Faschismus einen zwingenden Zusammenhang behauptete, war ebenso überraschend

wie sachlich verfehlt. Er entwarf ein Bild der Partei, das sie als Forum der pazifistisch-kleinbürgerlichen Mentalität von Intellektuellen präsentierte. Dabei ging er sogar so weit, der Führung der USPD zu unterstellen, sich nach 1918 bewusst zur Aufrechterhaltung der „bedrohten Macht der Bourgeoisie" (Lukács, S. 30) hergegeben zu haben, was eine grobe, politisch kontraproduktive Verfälschung der Tatsachen war; denn die USPD entwickelte sich nach Kriegsende kontinuierlich nach links, um schließlich 1919 die Diktatur des Proletariats auf der Basis eines revolutionären Rätesystems zu fordern. Erst dadurch, dass die Delegiertenmehrheit der USPD 1920 für eine Annäherung an die KI und die KPD(S) stimmte und große Teile der Mitgliedschaft daraufhin in die KPD eintraten, erhielt die KPD jene Massenbasis, die sie vorher keineswegs hatte (Krause 1975, S. 207–227). Das alles hielt *Lukács* für keiner Erwähnung wert. Stattdessen hypertrophierte er die Kriegsablehnung der USPD (seit 1917) zu einer pazifistischen, auf Klassenkampf verzichtenden kleinbürgerlichen Ideologie.

Lukács' Expressionismusverdikt löste sowohl Beifall vor allem im intellektuellen Spektrum der KPD als auch heftigen Widerspruch aus. Bekannte linke, oft ebenfalls mit der KPD sympathisierende oder ihr angehörende Intellektuelle vertraten *Lukács* entgegengesetzte Positionen, so *Ernst Bloch, Hanns Eisler, Bertolt Brecht* und teilweise auch *Anna Seghers*.

Bloch wandte sich vor allem gegen die Weigerung *Lukács'*, die kritische Funktion neuer, avantgardistischer Mittel und Methoden künstlerischer Produktion anzuerkennen (Bloch 1969, S. 51–59). Der rigiden Polarisierung von expressionistischer Dekadenz und klassischem Objektivitätsideal bei *Lukács* hielt *Bloch* die Auffassung entgegen, dass es zwischen „Verfall und Aufgang" (Bloch 1969, S. 56) neuer gesellschaftlicher, also auch künstlerischer Prozesse Vermittlungsmomente gebe, in denen sich der Kampf um etwas Neues, nicht durch „Schwarz-Weiß-Zeichnung" zu Erfassendes artikuliere. Auch „Pioniere des Zerfalls" könnten auf ihre Weise dazu beitragen, die brüchige Oberfläche der bürgerlich-kapitalistischen Welt zum Einsturz zu bringen. *Bloch* begnügte sich nicht damit, Vereinfachungen und Überzeichnungen bei Lukács zu kritisieren, er versuchte auch, die Leistungen des Expressionismus zu würdigen und den ihm von *Lukács* angehängten Verdacht der Traditionslosigkeit zu entkräften.

Gegen den kommunistischen Schriftsteller *Bernhard Ziegler* (d. i. *Alfred Kurella*) gewandt, der ähnlich wie *Lukács*, wenn auch plumper als dieser dem Expressionismus vorwarf, die „letzte Verbindung" zu den „lebendigen Kräften des Volkes" (Ziegler 1969, S. 47) gekappt zu haben, verteidigte *Bloch* gerade dessen „Durchbruch zur Volksnähe" (Bloch 1969, S. 59), indem er sich zum Beispiel auf *Picassos* Malerei und *John Heartfields* sozialkritische Fotomontagen berief.

6 Realismus als Paradigma der Literatur

Die Auseinandersetzung um den Expressionismus ging in eine Debatte um den Realismus über, der schon das eigentliche Thema der ersteren gebildet hatte, wie *Lukács* selbst mit dem den Streit um den Expressionismus beendenden Beitrag „*Es geht um den Realismus*" (Lukács 1969, S. 60–86) unterstrich: denn hinter seiner anti-expressionistischen Polemik stand die grundsätzlichere Frage nach einer Literatur, die geeignet war, die inneren Widersprüche der bürgerlich-kapitalistischen Gesellschaft zu thematisieren und gleichzeitig inhaltlich wie formal eine Perspektive ihrer Überwindung aufzuzeigen. Für *Lukács* lautete die Antwort unmissverständlich, dass nur die realistische Literatur des 19. und 20. Jahrhunderts über die dafür notwendigen Voraussetzungen verfüge und sie deshalb von der modernen Literatur als autoritatives Paradigma anerkannt werden müsse.

Seit Ende der dreißiger Jahre hat *Lukács* in zahlreichen Beiträgen dieses Paradigma begründet, ausgearbeitet und gegen Einwände verteidigt.

Die kritische Funktion des Realismus leitete er zunächst aus erkenntnistheoretischen Axiomen des historischen Materialismus ab, wie er seinerzeit für das theoretische Verständnis im Umfeld der KI und ihrer Intellektuellen charakteristisch war. Ausgehend von dem Postulat einer unabhängig vom menschlichen Bewusstsein objektiv existierenden Welt entwickelte *Lukács* die Idee, dass ebenso wie in anderen Formen geistiger Aktivität auch in künstlerischen Prozessen die Beziehung des subjektiven Bewusstseins zur objektiven Realität durch Akte einer „Widerspiegelung" konstituiert werde (vgl. Lukács 1955, S. 5–46). Allerdings unterschieden sich die Künste etwa vom wissenschaftlichen Denken oder der Alltagsempirie durch einen spezifischen Modus, der die komplexen Momente und gegensätzlichen Bewegungen der Wirklichkeit zu einer spontanen Einheit verdichte.

Gestützt auf das Theorem der „Widerspiegelung" wies *Lukács* den künstlerischen Produzenten die Aufgabe zu, die objektive Wirklichkeit in ihrer Totalität zu erfassen und im Besonderen das Allgemeine zu erschließen. Da die Wirklichkeit

L. Peter, *Georg Lukács. Kultur, Kunst und politisches Engagement,* essentials,
DOI 10.1007/978-3-658-11458-9_6

aber jeweils bestimmten, von gesellschaftlichen Kräften und Interessen abhängigen Bewegungsgesetzen folge, dürfe sich, wie *Lukács* forderte, Widerspiegelung weder zu subjektiver Beliebigkeit verselbständigen noch mit pseudo-objektiver Neutralität begnügen. Vielmehr leite sich aus der Dialektik der gesellschaftlichen Wirklichkeit die Notwendigkeit ab, einen Standpunkt der „Parteilichkeit der Objektivität" (Lukács 1955, S. 19) einzunehmen. Während der undialektische „mechanische Materialismus" und die ihm entsprechenden künstlerischen Stilrichtungen an den unmittelbar wahrgenommenen empirischen Erscheinungen „kleben bleiben" und der „subjektive Idealismus" einzelne Momente der Wirklichkeit willkürlich verzerre, beruhe die „Objektivität der künstlerischen Widerspiegelung der Wirklichkeit" auf der „richtigen Widerspiegelung des Gesamtzusammenhangs" (Lukács 1955, S. 21) und seiner objektiven Bewegungsrichtung.

Für *Lukács* war es vor allem der literarische Realismus, der das Programm der Widerspiegelung am entschiedensten und erfolgreichsten umgesetzt habe. Dafür stünden unter anderen die Namen von *Goethe, Balzac, Stendhal, Flaubert, Scott, Zolà, Tolstoi, Gorki, Heinrich* und *Thomas Mann*, aber auch Repräsentanten des „sozialistischen Realismus" in der sowjetischen Literatur. Obwohl *Lukács* den Realismus insgesamt als Paradigma der Literatur des 19. und 20 Jahr feierte, bewertete er dessen prominente Vertreter nicht einheitlich. So führte er beispielsweise den binären Code „Erzählen oder Beschreiben" (Lukács 1955, S. 103–145) ein, um Unterschiede der Widerspiegelungsleistungen realistischer Autoren zu belegen. „Beschreiben" stand dabei für einen geringeren Grad der Wirklichkeitsdurchdringung, „Erzählen" dagegen für die Fähigkeit, die inneren Zusammenhänge des Stoffes in ihrer Bewegung, ihren Beziehungen zwischen „Wesen" und „Erscheinung", „Subjektivität" und „Objektivität", „Gegenwart" und „Vergangenheit" usw. literarisch souverän zu gestalten. Zwar erkannte er die große Bedeutung des sozialkritischen Werks von *Emile Zolà*, merkte aber gleichzeitig an, dass *Zolà* trotz seiner radikalen Kapitalismuskritik in einer quasi positivistischen Reproduktion unvermittelt neben einander stehender Momente der Wirklichkeit stecken geblieben sei (Lukács 1955, S. 114/115). An F*laubert* bemängelte er die Unfähigkeit, sich dem „Zauber der aus gesellschaftlicher Notwendigkeit entstandenen Vorurteile" (Lukács 1955, S. 117) zu entziehen. Dagegen lobte er an *Goethe*, B*alzac, Stendhal, Scott, Tolstoi, Gorki* und *Thomas Mann*, dass es ihnen ungeachtet ihrer jeweiligen persönlichen Erfahrungen und politisch-ideologischen Präferenzen gelungen sei, die Erfordernisse epischer Kunst meisterhaft zu erfüllen.

Auf die sowjetische Literatur seiner Zeit angewandt, stieß *Lukács* mit seiner methodischen Leitdifferenz von „Erzählen oder Beschreiben" auf ähnliche Probleme wie auf die des Realismus der vorangegangenen Periode. Der Schematismus des Beschreibens, das Fehlen einer individuellen Fabel oder der triviale

Unterschied zwischen abgeschlossener Vergangenheit einerseits und dem „neuen Menschen“ der Gegenwart andererseits schwächten die Möglichkeiten der sowjetischen Literatur, die Herausforderungen revolutionärer Umwälzung produktiv zu beantworten. Wenn die Perspektivlosigkeit *Flauberts* Ausdruck seiner „tragischen Lage“ angesichts einer historisch versagenden Bourgeoisie gewesen sei, so verrieten die Defizite der sowjetischen Literatur, dass sie, obwohl mit dem Sieg der Oktoberrevolution eine neue Epoche der Menschheit begonnen habe, noch einen „unüberwindlichen Rest des Kapitalismus“ (Lukács 1955, S. 145) mit sich herumschleppe. Dass *Lukács* dem Realismus sowohl eine paradigmatische als auch programmatische Funktion zuschrieb, bezog sich nicht nur auf die literarischen und literaturpolitischen Aufgaben der Schriftsteller, sondern auch auf eine grundsätzliche und allem anderen übergeordnete politische Frage, nämlich die Notwendigkeit, den Kampf gegen den Faschismus nicht auf den Kampf des Proletariats zu beschränken.

7 Begründeter Widerspruch: Bertolt Brecht und Anna Seghers

In mehreren, teilweise umfangreichen Studien hat *Lukács* seine Theorie des literarischen Realismus ausgearbeitet (Lukács 1949, 1952a, b). Wie schon das von *Lukács* über den Expressionismus gefällte Urteil provozierte der autoritative und kanonische Duktus seiner Realismus-Doktrin Widerspruch. Mit dialektischem Witz unterlief *Bertolt Brecht* die *Lukácssche* Idealisierung des traditionellen Realismus, indem er sowohl dessen historische Bedingtheit herausstellte als auch für einen die Tendenzen gesellschaftlicher Modernisierung, namentlich der Technisierung und Verwissenschaftlichung, verarbeitenden Realismus plädierte (Brecht 1969a, S. 89–94). Nicht in einer Ablehnung des Realismus überhaupt, sondern in dessen Verständnis bestand also der Gegensatz zwischen *Brecht* und *Lukács* Einige Aspekte ihrer Kontroverse waren schon in anderen Zusammenhängen aufgetaucht, so die Verwerfung oder Bejahung moderner literarischer Methoden und Stilmittel wie die des Reportageromans *(Ernst Ottwalt*), der Montagetechnik (*John Dos Passos*), des „monologue intérieur" (*James Joyce*) oder der „Volkstümlichkeit". Ob die Verwendung moderner Stilmittel gerechtfertigt sei oder nicht, machte *Brecht* davon abhängig, inwieweit sie die Wirklichkeit künstlerisch besser zu erkennen erlaubten als traditionelle Mittel. Deshalb ließ er sich nicht darauf ein, sich gegen den seinerzeit oft erhobenen Vorwurf des „Formalismus" zu verteidigen, stattdessen ging er selbst in die Offensive. Kunst habe es immer mit dem „Formalen" zu tun, weil sie bei der Gestaltung des Stoffes unvermeidlich mit Eindrücken, Bildern, Gesten und Farben konfrontiert werde:

> Da der Künstler unausgesetzt mit Formalem zu tun hat, da er unausgesetzt formt, muß man, was man *Formalismus* nennt, sorgfältig und praktisch formulieren, sonst sagt man dem Künstler nichts. (Brecht 1969a, S. 90)

L. Peter, *Georg Lukács. Kultur, Kunst und politisches Engagement,* essentials,
DOI 10.1007/978-3-658-11458-9_7

Auch in anderen Punkten argumentierte *Brecht* nicht aus einer Defensive gegen *Lukács*, sondern versah umstrittene Themen wie die Bedeutung der Wissenschaft, des Individuums und der „Volkstümlichkeit" in der Literatur mit Bestimmungen, die über den von *Lukács* hochgelobten bürgerlichen Entwicklungsroman weit hinausgehen. In der literarischen Verwertung neuer, wissenschaftlicher Erkenntnisse beklagte *Brecht* anders als *Lukács* kein Defizit an künstlerischer Gestaltungsfähigkeit und in Begriffen der Technik und des „Mechanischen" sah er nichts für einen Schriftsteller Anrüchiges (Brecht 1969b, S. 99–104). Was die Rolle des Individuums betraf, forderte *Brecht* ein dessen geschichtliche Dynamik und ihre Widersprüche realisierendes Verständnis, anstatt das Individuum in eine Art „Walhalla der bleibenden Gestalten" (Brecht 1969b, S. 102) zu verbannen, also durch einen traditionalistischen Regress auf die Figuren in der Epik eines *Balzac* oder *Tolstoi* zuzuschneiden. Die Prozesse kapitalistischer Modernisierung verdrängten zwar den Typ von Individuum, der sich bei *Balzac* finde, er beseitige aber nicht das Individuum und das Individuelle schlechthin; denn die Kämpfe der Vergangenheit würden durch die Kämpfe der Gegenwart abgelöst und mit ihnen entstehe eine neue Individualität, die *Balzac* nicht kannte und auch nicht kennen konnte. Den Begriff der „Volkstümlichkeit" fasste *Brecht* enger und präziser als *Lukács*, der ihn auf alle literarischen Werke bezog, sofern sie die Totalität der Gesellschaft exemplarisch widerspiegelten, unabhängig davon, ob die Autoren einen dezidiert revolutionären Standpunkt einnahmen oder nicht. Dagegen grenzte *Brecht* sich sowohl gegen eine konservative und reaktionäre Instrumentalisierung von „Volkstümlichkeit" als auch von ihrer Reduktion auf historisch überholte Vorbilder ab, wie sie *Lukács* idealtypisch vorschwebten. Volk war für *Brecht* die Masse der Ausgebeuteten und Unterdrückten in einer bestimmten geschichtlichen Situation, die sich im Kampf gegen ihre Ausbeuter und Unterdrücker befindet. Diese Masse, die nicht nur als Objekt, sondern auch als kollektiver geschichtlicher Akteur auftritt, war deshalb für ihn mit dem modernen Proletariat identisch und erfordere künstlerische Mittel, die auf ihre Zwecke hin zu befragen seien:

„Darüber ist doch kaum zu streiten: Die Mittel müssen nach dem Zweck gefragt werden. Das Volk versteht das, die Mittel nach dem Zweck zu fragen. Die großen Theaterexperimente Piscators (und meine eigenen), bei denen fortgesetzt konventionelle Formen zerschlagen wurden, fanden ihre große Stütze in den fortgeschrittensten Kadern der Arbeiterklasse" (Brecht 1969b, S. 102). *Brecht* warb damit für eine „Volkstümlichkeit", die von der Literatur einen konsequenten Anschluss an die sich permanent verändernde Wirklichkeit verlangte. Das hob sich von der idealisierenden Typik von *Lukács* scharf ab.

Auch *Anna Seghers*, die 1933 zuerst nach Frankreich und 1941 nach Mexiko emigrierte (Rühle 1963, S. 193/194), griff in die Debatte über den Realismus ein und führte in dieser Frage einen längeren Briefwechsel mit dem mit ihr befreundeten *Lukács* (Lukács 1955, S. 240–270). Sie brachte vor allem folgende Argumente vor:

Erstens warnte sie davor, den Begriff der „Unmittelbarkeit", wie *Lukács* es tat, schon per se als ein für Schriftsteller inadäquates Verhältnis zur Wirklichkeit zurück zu weisen. Bevor man versuchen könne, „Unmittelbarkeit" zu überwinden, wie *Lukács* kategorisch fordere, müsse sich, wer schreibe, zuerst einmal überhaupt mit ihr beschäftigen. Es sei gerade ein großes Problem vieler Autoren, dass sie der „Unmittelbarkeit", zum Beispiel der Realität des Krieges, auswichen, anstatt sich ihr zu stellen. Auch in der „Unmittelbarkeit" ereigneten sich Prozesse, die einerseits Zerfall auslösten, aber andererseits auch den „Anfang zu etwas Neuem" (Lukács 1955, S. 244) ankündigen könnten.

Zweitens wies Anna Seghers darauf hin, dass „Realismus" in der Kunst nicht zu jeder Zeit und an jedem Ort dasselbe bedeute, sondern zeit- und raumabhängig sei. Damit wandte sie sich gegen die bei Lukács wahrnehmbare Tendenz zur Enthistorisierung des Begriffs. Oft habe man zum Beispiel bildende Künstler nicht für Realisten gehalten, bis man sich den zeitlichen und räumlichen Kontext ihrer künstlerischen Produktion bewusst gemacht hätte.

Drittens forderte *Anna Seghers*, dass alle Momente der „*Methode der Kritik*" – sie erwähnte hier „Totalität, Überwindung der Unmittelbarkeit, tiefe Kenntnisse der gesellschaftlichen Zusammenhänge" (Lukács 1955, S. 246) – also die von *Lukács* selbst als wesentliche Kriterien authentischer Kunst hervorgehobenen Momente – nicht nur auf die kritisierten Objekte, sondern auch auf sich selbst angewandt werden müssten.

Obwohl *Lukács* und *Seghers* dasselbe grundsätzliche Ziel verfolgten, eine ebenso anspruchsvolle wie massenwirksame antifaschistische Literatur zu schaffen, deckten sich ihre Auffassungen über den Realismus nur partiell. Unverkennbar sympathisierte *Seghers* mit literarischen bzw. künstlerischen Aktivitäten, die sich der Wirklichkeit experimentell näherten und dabei ästhetische Risiken eingingen, während *Lukács* Realismus als zeitlos gültiges, gebieterisches Ideal inthronisierte.

8 Lyrik und „romantischer Antikapitalismus"

Neben seiner Expressionismus-Kritik und den Einwänden gegen weitere zeitgenössische Literaturformen wie den „Reportageroman" gehörten auch Studien wie die „*Skizze einer Geschichte der neueren deutschen Literatur*" (Lukács 1953) zu denjenigen Arbeiten, die außer der Auseinandersetzung mit ihrem jeweiligen Gegenstand gleichzeitig dem Ziel einer umfassenden Begründung der Realismus-Konzeption dienten. Selbst die Überlegungen über „*Repräsentative Lyrik der wilhelminischen Zeit*" (1944/1945) standen in diesem Zusammenhang (Lukács 1963, S. 469–475). Im Übergang des deutschen Naturalismus zur Lyrik von *Rainer Maria Rilke* oder *Stefan George* vermerkte *Lukács* zwar eine Abwendung von sozialen Problemen, deutete diesen Übergang aber nicht als Zustimmung zum kapitalistischen Boom der Gründerjahre und der ihm korrespondierenden Mentalität demonstrativer bourgeoiser Selbstzufriedenheit. Vielmehr schien ihm der Prozess lyrischer Verinnerlichung eine von Trauer und Verlusterfahrung durchdrungene Reaktion auf die allerdings „unerkannte Struktur der Gesellschaft" (Lukács 1963, S. 469) zu sein. Hinter der „machtgeschützten Innerlichkeit", so der Ausdruck *Thomas Manns*, verberge sich eine tiefere Schicht einer elegischen, vor „der Welt" und „dem Schicksal" zurückweichenden Grundstimmung verletzlicher Subjektivität. *Lukács* erkannte durchaus die hohe lyrische Qualität der Dichtungen *Rilkes* an und gestand ihr zu, die „Klage über die Verlorenheit des Menschen" in berührender Weise zum Ausdruck gebracht zu haben. Von ihr unterscheide sich *George* durch einen harten, elitären Aristokratismus, der nicht nur die Gesellschaft radikal ablehne, sondern ein „Prophetentum" inszeniere, das, statt den „aggressiven Imperialismus Hitlers" (Lukács 1963, S. 473) zu bekämpfen, ihm ideologisch zuarbeite. Die von *George* propagierte Dichotomie zwischen der „rohen Masse" und einer Minorität von Auserwählten nehme Züge eines „romantischen Antikapitalismus" an, der Kapitalismus und Demokratie gleichermaßen verachtet, damit aber einer „autokratischen Diktatur" den Boden bereitet habe. Allerdings fänden sich auch

L. Peter, *Georg Lukács. Kultur, Kunst und politisches Engagement,* essentials,
DOI 10.1007/978-3-658-11458-9_8

bei *Rilke* Elemente, die in Richtung einer „barbarischen Gesinnung" wiesen, wie *Lukács* mit dem Gedicht *„König von Münster"* zu belegen versuchte. Indem *Rilke* diesen „lebendig verbrannten Freiheitskämpfer" der Lächerlichkeit preisgebe, begebe er sich auf eine Stufe mit *George* und damit auf das ideologische Niveau jener kleinbürgerlichen Massenbasis des Nationalsozialismus, dem sich die beiden Dichter in ihrer Selbstwahrnehmung unendlich weit überlegen fühlten. So stand die Lyrik von *Rilke* und *George* bei *Lukács* exemplarisch für das direkte Gegenteil von allem, was den literarischen Realismus in seinen entwickelten Formen auszeichne: Einsicht in die Totalität der Gesellschaft und ihrer Triebkräfte, Dialektik von Individuum und Gesellschaft, Humanität, Freiheit und Demokratie.

9 Realismus-Problem – erneuter Widerspruch: Theodor W. Adorno

Noch einmal nahm *Lukács* das Realismus-Thema in den fünfziger Jahren auf (Lukács 1958). Dieses Mal war es *Theodor W. Adorno*, der darauf polemisch antwortete (Adorno 1961, S. 152–187). Zwar habe *Lukács,* offensichtlich veranlasst durch seine Erfahrung als Mitglied der Regierung *Imre Nagy* während des Ungarn-Aufstandes 1956, ein etwas weniger rigide Version des sozialistischen Realismus befürwortet und auch an *Brecht* inzwischen Positives entdeckt, aber im Prinzip seine dogmatische Haltung nicht verändert (Adorno 1961, S. 156). Wo *Lukács*, (der *Adorno* wegen dessen elitär-pessimistischen Habitus ironisch als Gast im luxuriösen „Grand Hotel Abgrund" einquartiert hatte), gegen angebliche Dekadenz wettere und den Avantgardismus attackiere, lenke er von dem „gesellschaftlichen Unrecht" ab, das in den sozialistischen Ländern fortbestehe, aber „offiziell für abgeschafft erklärt" (Adorno 1961, S. 158) werde. Den „Vorwurf des Ontologismus" (Adorno 1961, S. 161), den *Lukács* gegen die „ganze avantgardistische Literatur" erhebe, hielt *Adorno* insofern für verfehlt, als *Lukács* die Thematik der Einsamkeit der Individuen nicht als gesellschaftlich vermittelt begreife:

„Aber gerade Lukács, der beansprucht, radikal historisch zu denken, müsste sehen, dass jene Einsamkeit selber, in der individualistischen Gesellschaft, gesellschaftlich vermittelt ist" (Adorno 1961, S. 162). Gefangen in seinem Dogmatismus sei *Lukács* blind für die Dialektik avantgardistischer Literatur, die, gerade, indem sie – wie *Samuel Beckett* – jede konkrete Geschichtlichkeit auslösche, zugleich die Selbstmystifizierung der Gesellschaft als absolut und zeitlos in Frage stelle (vgl. Adorno 1961, S. 166). Offensichtlich könne *Lukács* zwischen dem Ontologismus eines *Heidegger* mit seiner existentiellen „Geworfenheit" des Individuums zum einen und der literarischen Problematisierung der „im Prinzip der bürgerlichen Gesellschaft selbst entspringende(n) Atomisierung" (Adorno 1961, S. 170) nicht unterscheiden, so dass er Letztere nur noch als Dekadenz wahrnehme. Sein hegelianisch gefärbter Objektivismus hindere *Lukács* daran, die Facetten literari-

L. Peter, *Georg Lukács. Kultur, Kunst und politisches Engagement,* essentials,
DOI 10.1007/978-3-658-11458-9_9

scher Individuation als Moment der Negation des gesellschaftlich Herrschenden zu erkennen. Das gelte sowohl für seine Unempfindlichkeit gegenüber der latenten Verzweiflung in dem Gedicht „*O, dass wir unsere Ururahnen wären*" von *Gottfried Benn* (Benn 1960, S. 25) als auch für die Differenz von objektiver Zeit und individueller Zeiterfahrung in der Prosa von *Marcel Proust* und *Thomas Mann*. An einigen Stellen scheute *Adorno*, so bestechend seine Kritik in wichtigen Punkten an *Lukács* war, allerdings vor bösartigen Unterstellungen nicht zurück. Das zeigte sich da besonders krass, wo er das Dekadenzverständnis von *Lukács* mit der Mentalität von Staatsanwälten (im Nationalsozialismus) gleichsetzte, „welche die Ausmerzung des Lebensuntüchtigen und der Abweichung verlangen" (Adorno 1961, S. 177). Am Ende seines Essays gestand *Adorno Lukács* jedoch das Bemühen zu, die Grenzen des sozialistischen Realismus zu problematisieren, auch wenn er aus seiner selbstverschuldeten intellektuellen Unfreiheit letztlich nicht herauskomme:

> Bei all dem bleibt das Gefühl von einem, der hoffnungslos an seinen Ketten zerrt und sich einbildet, ihr Klirren sei der Marsch des Weltgeistes. (Adorno 1961, S. 185)

10 Emigration, Rückkehr nach Ungarn und das große Werk der fünfziger Jahre: „Die Zerstörung der Vernunft"

Die Auseinandersetzung um den Realismus fiel, sieht man von *Adornos* Kritik Ende der fünfziger Jahre einmal ab, überwiegend in die Zeit, in welcher der Faschismus in Deutschland seinen Zenit erreichte. Die Gruppe der Intellektuellen hatte sich im Blick auf den Faschismus politisch polarisiert. Prominente Schriftsteller und Kulturproduzenten wie *Gottfried Benn, Ernst Jünger, Gustaf Gründgens, Leni Riefenstahl und Arno Breker*, von der überwältigenden Mehrheit der akademisch qualifizierten Intelligenz einmal ganz abgesehen, identifizierten sich mit dem Nationalsozialismus, eine ungleich kleinere Fraktion, die von *Thomas Mann* bis zur KPD angehörenden Autoren und Künstlern reichte, versuchte dagegen, meist aus der Emigration heraus, humanistische, demokratische und sozialistische Positionen zu verteidigen.

Nach Aufenthalten in Berlin während der Jahre 1931 bis 1933, in denen sich *Lukács* als Mitglied des „Bundes proletarisch-revolutionärer Schriftsteller" (BPRS) tonangebend an dessen theoretischer Programmatik beteiligte und mehrere Beiträge in der „*Linkskurve*", der Zeitschrift des BPRS, veröffentlichte (vgl. Gallas 1971, S. 119 ff.), emigrierte *Lukács* 1933 in die Sowjetunion, wo er bis 1944 blieb. Dort arbeitete er an der in Moskau herausgegebenen literaturpolitischen Zeitschrift der KI, der „*Internationalen Literatur*", mit und setzte seine Studien über den Realismus fort, um sich gleichzeitig veranlasst zu fühlen, der neuen kommunistischen Kunstdoktrin des „sozialistischen Realismus" Zugeständnisse zu machen, ohne jedoch seine Überzeugung von der paradigmatischen Funktion des klassischen Realismus aufzugeben. Kurzfristig wurde *Lukács* 1941 verhaftet (Lukács 1981, S. 160 f.; Raddatz 1972, S. 92/93), blieb dann aber von weiteren Verfolgungen verschont. 1944 kehrte er nach Ungarn zurück und erhielt eine Professur für Ästhetik an der Universität Budapest. Dort sah er sich bald heftigen Angriffen ausgesetzt, weil sein Denken angeblich in den „Schranken der bürgerlichen Welt" (Horvath 1969, S. 180) befangen geblieben sei. Statt die neue geschichtliche Qualität des

L. Peter, *Georg Lukács. Kultur, Kunst und politisches Engagement,* essentials,
DOI 10.1007/978-3-658-11458-9_10

„sozialistischen Realismus" gebührend zu würdigen, glorifiziere *Lukács* den bürgerlichen Realismus und feiere *Thomas Mann* als den „repräsentativen Dichter unserer Epoche" (Horvath 1969, S. 180). Damit verdunkele er die „lebendige Wirklichkeit der Sowjetliteratur" und die „neue Ära des Proletariats", die zwar die besten Elemente des bürgerlichen Realismus in sich aufgenommen, gleichzeitig aber eine „neue Renaissance der menschlichen Kultur" (Horvath 1969, S. 181) eingeleitet habe.

Mit „*Die Zerstörung der Vernunft*" unternahm Lukács 1952 einen großangelegten Versuch, die Genealogie jenes irrationalistischen Denkens in Deutschland zu rekonstruieren, das nach seiner Überzeugung unvermeidlich im Faschismus endete (Lukács 1988). Zwar war er sich bewusst, dass die Entwicklungslinien des geistesgeschichtlichen Irrationalismus nicht auf Deutschland beschränkt waren, sondern beispielsweise auch in Italien und Frankreich ihre Entsprechung fanden, aber in Deutschland meinte er die schärfste Ausprägung dieses Diskurses zu entdecken. Im Irrationalismus sah *Lukács* den zentralen ideologischen Bezugspunkt aller intellektuellen Suchbewegungen, die, sei es unmittelbar oder mittelbar, auf den Ausbruch der faschistischen Katastrophe hinausliefen. Es lag auf der Hand, dass er mit der „*Zerstörung der Vernunft*" nicht nur ein kritisch-geistesgeschichtliches Interesse verfolgte, sondern unter dem Eindruck einer sich verschärfenden Blockkonfrontation und des „Kalten Krieges" sowie insbesondere in Westdeutschland auftretender restaurativer Tendenzen davor warnen wollte, erneut in jene Denkmuster des Irrationalismus zurück zu fallen, die im Faschismus ihre verhängnisvolle Konsequenz gefunden hatten und sich nun zu reproduzieren drohten.

Mit *Schelling* beginnend, dessen „romantische" Philosophie im Vergleich zu *Hegel* er als Rückschritt beklagte, zog *Lukács* eine Linie über *Schopenhauer*, *Kierkegaard* und *Nietzsche* sowie die Strömung der „Lebensphilosophie", unter die er, unempfindlich für sich aufdrängenden Differenzierungen, gleichermaßen *G. Simmel, O. Spengler, M. Scheler, M. Heidegger, L. Klages, E. Jünger* und faschistische Ideologen wie *E. Krieck* und *A. Rosenberg* subsumierte, bis zu Vertretern der bürgerlichen Soziologie (*G. Schmoller, M. Weber, K. Mannheim, H. Freyer* u. a.) und der Rassentheorie (*H. St. Chamberlain, G. Ratzenhofer, L. Gumplowicz*), um mit einem Nachwort über internationale Tendenzen des Irrationalismus nach 1945 zu schließen. Dabei verfuhr *Lukács* nach einem rigoros gehandhabten Prinzip, alle berücksichtigten Auffassungen und Theorien, die nicht in wesentlichen Punkten mit Postulaten des Marxismus übereinstimmten oder sich ihnen annäherten, auf eine gemeinsame Bewegung zum Irrationalismus hin zu justieren. Nicht-marxistisches Denken landete so, ganz unabhängig von der jeweiligen Spezifik und Differenz einzelner seiner Vertreter zu anderen philosophischen und sozialwissenschaftlichen Positionen, unwiderstehlich wie in einem magnetischen Kräftefeld immer am

Pol des Irrationalismus. Aufgrund der ihnen von *Lukács* zugeschriebenen Identität mit dem Irrationalismus, auf dessen genauere systematische Bestimmung er übrigens verzichten zu können glaubte, fungierten die von ihm berücksichtigten Autoren ausnahmslos als intellektuelle Parteigänger der Bourgeoisie im Klassenkampf gegen das Proletariat, dessen Bewusstsein seinerseits mit den Werten der Humanität, der Vernunft und des geschichtlichen Fortschritts konnotiert wurde. Zwar gestand *Lukács* einigen von ihm Kritisierten im Einzelfall eine geringere Nähe zum Irrationalismus zu als anderen, ohne jedoch die rigide Leitdifferenz von Rationalität und Irrationalität aufzugeben. Dass sich nicht wenige der Positionen, auf die er einging, weder schematisch dem Irrationalismus noch seinem vermeintlichen Gegenteil zuordnen ließen, schloss *Lukács* kategorisch aus.

Trotz nicht weniger gravierender Fehlschlüsse stellte der Versuch, die Ursachen und Vermittlungszusammenhänge der zum Faschismus führenden philosophisch-sozialwissenschaftlichen Diskurse freizulegen und sie, ihre Immanenz überschreitend, im Kontext der Entwicklung des deutschen Kapitalismus zu verorten, einen großen ideologiekritischen Wurf dar; denn so wenig *Lukács* dem Werk etwa von *Tönnies, Simmel und Mannheim* u. a. gerecht zu werden vermochte (vgl. Dannemann 1997, S. 81 ff.), so überzeugend fielen andere Teile seiner Untersuchung aus. Unter der ebenso eingängigen wie polemischen Kapitelüberschrift „*Der Aschermittwoch des parasitären Subjektivismus*" (Lukács 1988, S. 389–416) setzte sich *Lukács* vor allem mit der Philosophie *Heideggers und Jaspers'* auseinander. Damit dürfte er wohl einer der ersten gewesen sein, die in der Philosophie *Heideggers* Axiome herausarbeiteten, die für die ideologischen Prämissen des Faschismus anschlussfähig waren. Vor allem folgende Aspekte machte *Lukács* sichtbar:

Hinter der phänomenologischen und ontologischen Konzeption *Heideggers* in „*Sein und Zeit*" verberge sich sowohl eine „abstrakt-mythisierende anthropologische Beschreibung des menschlichen Daseins" (Lukács 1988, S. 397) als auch die Verachtung der konkreten Bedingungen gesellschaftlichen Lebens. Dem „verfälschend-erschlossene(n)" Dasein der „durchschnittlichen Alltäglichkeit" (Lukács 1988, S. 400), wie *Lukács* auf die semantische Attitüde *Heideggers* anspielend schrieb, setze dieser den Aufruf zu existentieller, sich die Verlassenheit des Daseins radikal vergegenwärtigender Authentizität entgegen. Mit der irreversiblen Polarität von „Eigentlichkeit" und „Uneigentlichkeit" beschreibe *Heidegger* ein existentielles Spannungsverhältnis zwischen dem Dasein, dem es nur um sich selbst gehen darf, und dem „Man" als Inbegriff der entpersönlichenden, die Existentialität des Daseins negierenden Herrschaft der Gesellschaft. Da *Heidegger* die anonymisierende Diktatur des „Man" mit sozialer Kollektivität und Öffentlichkeit gleichsetze, also in ihnen die Ursache für die Verfallenheit des individuellen Daseins an seine „Uneigentlichkeit" zu identifizieren glaube, lasse er dem Individuum keinen anderen Weg offen, als sich dem „Man“ radikal zu verweigern. *Heidegger* erfahre die Krise der imperialistischen Kultur nach dem 1. Weltkrieg als so übermächtig, dass sich jede praktische soziale und politische Auseinandersetzung mit den konkreten gesellschaftlichen Verhältnissen verbiete. Das musste, wie *Lukács* folgerte, in ontologisierende Geschichtslosigkeit umschlagen, was wiederum dem „reaktionären Aktivismus Hitlerscher Observanz“ (Lukács 1988, S. 412) den Weg geebnet habe.

Obwohl *Lukács* auch gegenüber *Heidegger* immer wieder in den für ihn seit den dreißiger Jahren typischen Duktus einer ständig mit ebenso diffusen wie ideologisch aufgeladenen Begriffen (wie „Subjektivismus“ und „Irrationalismus“) operierenden Polemik verfiel, hinderte ihn das nicht daran, die Affinität bestimmter Konstrukte *Heideggers* zur faschistischen Ideologie einleuchtend nachzuweisen. Nicht wenige der Befunde von *Lukács* sind Jahrzehnte später, wenn auch mit unterschiedlichen Argumenten und Akzenten, von prominenten Kritikern *Heidegger*s wie *Theodor W. Adorno, Jürgen Habermas* oder *Pierre Bourdieu* bestätigt worden. Insofern bleibt „*Die Zerstörung der Vernunft*“ ein widersprüchliches Werk. Dem eindrucksvollen und durchaus erfolgreichen Bemühen, den Ungeist des Faschismus nicht als jähen Einbruch des Dämonischen zu mystifizieren und so der gesellschaftlichen und politischen Verantwortung zu entziehen, steht eine oft penetrante Neigung gegenüber, die Komplexität geistiger Prozesse auf simple Kausalfaktoren zu reduzieren und ihren widersprüchlichen Verlauf eindimensional zu begradigen.

11 Revisionismusvorwurf

Während der fünfziger Jahre und insbesondere wegen seiner episodischen Teilnahme an der aus dem Ungarn-Aufstand im Oktober 1956 hervorgegangenen Regierung *Imre Nagy* geriet *Lukács* erneut ins Kreuzfeuer seiner politischen Gegner innerhalb der nun den Namen „Ungarische Sozialistische Arbeiterpartei" (USAP) tragenden kommunistischen Partei (Lukács 1981, S. 211 ff.). Im Oktober 1956 war *Lukács*, nach dem Sturz von *Mátyás Rákosi*, als Volksbildungsminister in die Regierung *Nagy* eingetreten, hatte aber deren letztlich die sowjetische Intervention auslösenden Beschluss abgelehnt, den Warschauer Pakt zu verlassen. Trotzdem wurde auch *Lukács* inhaftiert und verbrachte einige Monate in einem sowjetischen Lager in Rumänien, ehe er 1957 nach Budapest zurückkehrte, wo seine Mitgliedschaft in der USAP allerdings nicht erneuert wurde (Lukács 1981, S. 221). Stattdessen nahm die Polemik gegen ihn nun an Härte noch zu (Koch et al. 1960).

Lukács' Haltung während des Ungarn-Aufstandes erklärte *András Gedö* vor allem damit, dass *Lukács* zwar oberflächlich am Gegensatz zwischen Kapitalismus und Sozialismus festhalte, aber die Notwendigkeit des internationalen Klassenkampfs durch eine Strategie ersetzen wolle, die einen weltweiten Gegensatz zwischen „plebejischen Demokratismus" und „Antidemokratismus" (Gedö 1960, S. 38) in den Vordergrund stelle. Dem entspreche die Neigung von *Lukács*, Differenzierungen innerhalb der (deutschen) Intelligenz politisch über zu bewerten, die Konturen der „Klassenfronten" aber zu verwischen (Gedö 1960, S. 54, 55). Weil *Lukács* die Priorität kommunistischer Parteilichkeit im ideologischen Klassenkampf zugunsten eines Bündnisses von Demokratie und Sozialismus (Gedö 1960, S. 75) suspendiere, verliere auch seine Kritik am Stalinismus an Glaubwürdigkeit; denn trotz seiner Verkürzungen und Einseitigkeiten habe der Marxismus auch unter Stalin unbeirrt an der „Unvereinbarkeit der proletarischen und der bourgeoisen Ideologie" (Gedö 1960, S. 76) festgehalten, wohingegen *Lukács* das Prinzip der „Parteilichkeit" des Denkens in eine allgemein demokratische Haltung

L. Peter, *Georg Lukács. Kultur, Kunst und politisches Engagement*, essentials,
DOI 10.1007/978-3-658-11458-9_11

umzumodeln versuche. Heftig attackiert wurde *Lukács* von seinem engen früheren Freund aus dem „Sonntagskreis", dem Philosophen *Béla (Adalbert) Fogarasi*, einem der nun führenden ungarischen marxistischen Intellektuellen, der, ausgehend von der Feststellung, dass *Lukács* sich 1956 durch seine Unterstützung der Konterrevolution politisch selbst kompromittiert habe, den Fokus der Kritik auf die angeblich philosophische Fragwürdigkeit von *Lukács* richtete (Fogarasi 1960, S. 303–321). Einen zentralen Aspekt stellte dabei die Irrationalismus-Deutung von *Lukács* dar. Weder entscheide, so *Fogarasi*, der von *Lukács* postulierte Gegensatz zwischen Vernunft und Irrationalismus über den „Klasseninhalt einer Philosophie" (Fogarasi 1960, S. 315) noch sei Irrationalismus der ausschlaggebende Faktor faschistischer Ideologie. Diese Funktion komme vielmehr der „Rassentheorie" und der „faschistischen Geopolitik" zu. Außerdem müsse Irrationalismus nicht zwangsläufig zum Faschismus führen, wie der „phänomenologische Irrationalismus Husserls" (Fogarasi 1960, S. 316) zeige, der die nicht-faschistische bürgerliche Philosophie ungleich stärker beeinflusst habe als mit dem Faschismus sympathisierende Philosophen. Schließlich hielt *Fogarasi* dem früheren Weggefährten vor, mit seinem Verständnis von Vernunft als einer der Geschichte immanenten geistigen Bewegung idealistische Positionen *Hegels* zu reproduzieren, gegen den schon *Marx* eingewandt habe, dass „das Ideelle nichts anderes als das im Menschenkopf umgesetzte und übersetzte Materielle" (Fogarasi 1960, S. 319) sei.

Mit teilweise ähnlichen Argumenten wurde *Lukács* von Intellektuellen in der DDR angegriffen. So bemängelte der Literaturwissenschaftler *Hans Koch* – auch er machte die angebliche Verwässerung des Antagonismus zwischen Proletariat und Bourgeoisie bei *Lukács* zum Ausgangspunkt –, dass *Lukács* den bürgerlichen literarischen Realismus maßlos überschätze, weil jeder bürgerliche Künstler notwendig in den Denkformen seiner Klasse befangen bleibe und deshalb unfähig sei, die Welt des Proletariats adäquat zu gestalten (Koch 1960, S. 79–102). Wer das nicht beherzige, vertrete wie *Lukács* „*konzeptionell* antimarxistische Auffassungen" (Koch 1960, S. 101), aus denen dann auch politische folgenreiche Fehler resultierten.

Das Ästhetik-Projekt 12

Die systematische Ausarbeitung einer ihrem Anspruch nach historisch-materialistischen Ästhetik bildete – neben dem Thema der Ontologie – seit den fünfziger Jahren eines der letzten großen Projekte von *Lukács* (1963a, b).

Seine Auffassung des Ästhetischen verstand er als radikalen Bruch mit allen, vom philosophischen Idealismus herkommenden Ästhetikkonzepten:

> Die Bedeutung des Bruchs, der so mit jedem philosophischen Idealismus vollzogen wird, zeigt sich in seinen Konsequenzen noch deutlicher, wenn wir unseren materialistischen Ausgangspunkt noch weiter konkretisieren: wenn wir nämlich die Kunst als eine eigenartige Erscheinungsweise der Widerspiegelung der Wirklichkeit auffassen, die ihrerseits nur eine Unterart der universellen sie widerspiegelnden Beziehungen des Menschen zur Wirklichkeit ist. Einer der entscheidenden Grundgedanken dieses Werks besteht darin, dass alle Arten der Widerspiegelung – wir analysieren vor allem die durch das Alltagsleben, die Wissenschaft und die Kunst – stets dieselbe objektive Wirklichkeit abbilden. (Lukács 1963a, S. 22)

Der Widerspiegelung des Alltagslebens wird dabei eine basale Funktion insofern eingeräumt, als es nach *Lukács* den realen Bezugspunkt aller menschlichen Praxis, also auch der wissenschaftlichen und künstlerischen Aktivitäten, bildet. Das „Alltagsleben" wird seinerseits wiederum wesentlich durch Arbeit konstituiert (Lukács 1963a, S. 39 ff.), deren „Objektivationen" sich zunächst nicht prinzipiell von denen der Wissenschaft und Kunst unterscheiden, aber weniger eindeutig „fixiert" sind als diese.

Als allgemeine Form der Bewältigung von Wirklichkeitskontingenz lässt sich die Mimesis, unabhängig davon, ob sie das Alltagsleben, magisch-religiöse Vorgänge, wissenschaftliche Erkenntnisproduktion oder Kunst betrifft, nicht sektoral nach unterschiedlichen Gegenstandsbereichen aufteilen. Insofern ist auch dem Ästhetischen kein exklusiver Gegenstand vorbehalten. Eine Ausdifferenzierung des

L. Peter, *Georg Lukács. Kultur, Kunst und politisches Engagement,* essentials,
DOI 10.1007/978-3-658-11458-9_12

Ästhetischen lässt sich nur aus einem geschichtlichen Prozess erklären, in dem sich Kunst langsamer vom Alltagsleben ablöst als die Wissenschaft; denn letztere ist, darin der Arbeit ähnlich, enger an Erfordernisse der Wirklichkeit gebunden, wohingegen die mimetische Besonderung der Kunst gerade diejenigen Leistungen geschichtlich voraussetzt, die Arbeit und Wissenschaft erbringen.

Wissenschaftliches Denken entfaltet sich als „Desanthropomorphisierung" der Mimesis, das heißt, dass Wissenschaft durch die ihr immanente Tendenz zu abstrakt allgemeinen, begrifflich gefassten Erkenntnissen der Wirklichkeit gelangt und damit die Bindungen an „personifizierende Formen des Denkens" (Lukács 1963a, S. 140) bzw. an spezifische Bedürfnisse konkreter menschlicher Gemeinschaften abstreift. Folgt Wissenschaft einer desanthropomorphisierenden Logik, so ist der Magie wie der Kunst eine anthropomorhisierende Referenzialität eingeschrieben, weil sich diese beiden mimetischen Formen auf die Abbildung einer den Menschen in jeweils konkreten Situationen „subjektiv wie objektiv – im höchsten Sinne angemessenen Welt" (Lukács 1963a, S. 137) beziehen. Magie und Kunst verweisen auf „Ausgangslinien" (Lukács 1963a, S. 386), in denen sie nahezu konvergieren; denn beide mimetische Modi produzieren nicht Wirklichkeit, sondern spezifische Konstrukte („Gebilde") der Widerspiegelung dieser Wirklichkeit (vgl. Lukács 1963a, S. 409). Die sie Rezipierenden sind sich des mimetischen Charakters der Konstrukte bewusst und fassen sie dementsprechend als „Widerspiegelung der Totalität der Wirklichkeit oder die eines ihrer wesentlichen Teile als Totalität" (Lukács 1963a, S. 410) auf, was wiederum aber nur deshalb möglich ist, weil die mimetischen „Gebilde" auf „Evokation", also das Hervorrufen subjektiver Erlebniszustände, hin angelegt sind. In der „einheitliche(n), evokative(n) Wirkung", welche die Wirklichkeit temporär suspendiert, aber nicht aufhebt, besteht der eigentliche Sinn von Magie und der sich in ihr allmählich herausbildenden künstlerischen Ausdrucksformen. Nicht in der Wirklichkeit selbst finden Magie und Kunst ihre Zielbestimmung, was sie von Wissenschaft unterscheidet, sondern ihre mimetischen Konstrukte bilden ein eigenes, selbständiges „geschlossenes System", das den Rezipienten als „unveränderlich Gegebenes" (Lukács 1963a, S. 429) gegenübertritt. Was aber macht nun die Besonderheit der Kunst im Verhältnis zur Magie aus, aus der sie in einem langen gattungsgeschichtlichen und sozialhistorischen Prozess hervorging? Entscheidend für diese Differenz ist, dass das Ästhetische nicht nur wie die Magie Evokation zur Daseinsbewältigung auslöst, sondern sich sein Sinn ausschließlich durch die Hervorrufung bestimmter subjektiver innerer Zustände, Bilder, Emotionen, Erinnerungen usw. definiert. Daraus folgt die zentrale Bestimmung des Ästhetischen: „Wir können hier nur – vorwegnehmend – drauf hinweisen, dass die Wechselbeziehungen zwischen Objektivität und Subjektivität zum gegenständlichen Wesen der Kunstwerke gehören… Was auf jedem anderen

Gebiet des menschlichen Lebens ein philosophischer Idealismus wäre, nämlich das kein Objekt ohne Subjekt existieren könne, ist im Ästhetischen ein Wesenszug seiner spezifischen Gegenständlichkeit" (Lukács 1963a, S. 229).

Aber ebenso wie ästhetische Objekte nur durch subjektive Rezeptivität möglich sind, konstituieren sie ihrerseits Subjektivität, die sich nicht als für sich selbst existierend entwickeln kann, sondern unabdingbar auf die vom Kunstwerk generierte Evokation verwiesen ist.

Zwar stimmen alle drei Haupttypen der Widerspiegelung (Alltagsleben, Wissenschaft und Kunst) darin überein, dass sie die Kontingenz von Wirklichkeit be- und verarbeiten, aber das Ästhetische zeichnet sich dabei durch besondere, auf die anderen mimetischen Typen nicht zutreffende Eigenschaften aus. Zu ihnen gehört wesentlich der scheinbar widersprüchliche und gegenläufige, begrifflich an *Hegel* orientierte Prozess der „Entäußerung und ihrer Rücknahme ins Subjekt" (vgl. Lukács 1963a, S. 550–572). Einerseits versetzt sich das Subjekt – das künstlerisch schöpferische ebenso wie das rezipierende – in die „Objektwelt" des Kunstwerks und verliert sich gleichsam in ihm, andererseits wird die Entäußerung dadurch zurückgenommen, dass die künstlerische Gegenständlichkeit subjektiv ganz durchdrungen wird und so dem Subjekt nicht mehr als entäußertes Objekt entgegentritt, sondern gleichsam in es zurückkehrt (vgl. Lukács 1963a, S. 564).

Wenn *Lukács* immer wieder im Verlauf seiner Argumentation die gesellschaftskritisch Funktion authentischer Kunst anspricht, so erhält dieser Aspekt am Ende des 1. Halbbandes noch einmal eine starke Akzentuierung insofern, als das Ästhetische ausdrücklich mit einer „defetischisierenden Mission" beauftragt wird (vgl. Lukács 1963a, S. 696–777). Auch hier knüpft *Lukács* an die Theorie von *Marx* an, insbesondere an die bekannte Passage über den „Fetischcharakter der Ware" (Marx 1969, S. 85–98), in der *Marx* ausführt, dass die kapitalistische Warenform „den Menschen die gesellschaftlichen Charaktere ihrer eigenen Arbeit als gegenständliche Charaktere der Arbeitsprodukte selbst, als gesellschaftliche Natureigenschaften der Dinge zurückspiegelt" und so die gesellschaftlichen Verhältnisse zwischen Menschen „die phantasmagorische Form eines Verhältnisses von Dingen" (Marx 1969, S. 86) annehmen lässt. Die ökonomische Geltungssphäre der *Marxschen* Analyse überschreitend, wendet *Lukács* deren kritische Funktion auch auf die Sphäre des Ästhetischen an (vgl. Pasternack 1985, S. 134/135), wo sie auf doppelte Weise wirksam wird: nämlich einerseits dadurch, dass die künstlerische Widerspiegelung den verklärenden, affirmativen Schein der Wirklichkeit durchbricht, und andererseits dadurch, dass sie gerade so die von den gesellschaftlichen Verhältnissen deformierte „Bedeutung des Menschen" (Lukács 1963a, S. 700) wieder herzustellen vermag. Wo und wie Kunst ihrer „defetischisierenden" Funktion gerecht werden könne, entwickelt *Lukács* unter anderem an der Beziehung zwischen Raum und Zeit oder der zwischen „Bestimmtheit“ und „Unbestimmtheit“. Im ersten Fall fordert er die philosophisch von *Kant, Schopenhauer* und *Bergson* vorbereitete und dann in künstlerischen Werken aufbrechende Spaltung zwischen Raum und Zeit zu überwinden. Im zweiten Fall wirbt er dafür, weder die Totalität auf bestimmte Seiten und Faktoren zu verkürzen, wie dies etwa im positivistischen Kausalitätsdenken des Naturalismus geschehe, noch – wie etwa *André Gide* – die literarischen Gegenstände in „nihilistische Unbestimmtheit“ und „Konturlosigkeit der Gestalten und Situationen“ (Lukács 1963a, S. 728) aufzulösen. Auch wenn die Werke der bildenden Künste ihre Objekte nur durch eine bestimmte, irreversible Form – etwa die einer Skulptur – wiedergeben könnten, öffneten sie gleichzeitig einen evokativen Raum der Unbestimmtheit, nämlich der individuellen Vielfalt innerer Rezeptions-, Deutungs- und Erlebnismöglichkeiten. Das aber sei keine kontingente Folge künstlerischer Phänomene, sondern im Gegenteil ein dem Ästhetischen notwendig immanentes Wesensmerkmal.

Mit seinen Überlegungen über Kunst als Katharsis geht *Lukács* noch einen Schritt über die gesellschaftskritische Funktion von Kunst hinaus. Katharsis meint hier eine innere Verwandlung des sich Kunst aneignenden Menschen zu einem deren Universalität subjektivierenden Menschen, von einem, wie *Lukács* sagt, „ganzen Menschen“ zu einem „Menschen ganz“. Indem die Rezipienten von Kunst durch die in dem jeweiligen künstlerischen „homogenen Medium“ (der Visibilität der bildenden Künste, der Tonalität der Musik und der Sprache in der Literatur) realisierten Form, in der die Inhalte bearbeitet werden, evokativ auf den „allgemeinsten Gehalt aller echten Kunstwerke“, ihr „Zentrum“ gelenkt werden, erfahren sie eine spezifische Katharsis: „Die Art, wie die ästhetische Form ihren Inhalt bearbeitet, ihn im und durch das homogene Medium wirksam werden lässt, zeigt diesen allgemeinsten Gehalt aller echten Kunstwerke an und schafft in der die Erlebnisse des Rezeptiven leitenden Kraft der Formen eine Intention, die auf dieses Zentrum gerichtet ist. Die Verwandlung des ganzen Menschen des Alltags in den Menschen ganz des jeweiligen Rezeptiven eines konkreten Kunstwerks strebt gerade in die Richtung einer solchen aufs äußerste individualisierten und zugleich allerallgemeinsten Katharsis“ (Lukács 1963a, S. 812).

Im 2. Halbband seiner *„Ästhetik“* (Lukács 1963b) vertieft *Lukács* zentrale Aspekte des Ästhetischen als Mimesis, indem er sowohl die Besonderheit des Ästhetischen weiter ausarbeitete als auch ausführlich der Frage nachgeht, wie die Kategorien der ästhetischen Mimesis in Gattungen und Genres der Kunst wie der Musik, aber auch des Films und der Gartengestaltung zum Tragen kommen und wo ihre jeweiligen Wirkungsgrenzen liegen. Dabei stützt sich *Lukács* auf die ihm als materialistische Grundlage einer physiologisch-psychologischen Theorie des Ästhetischen besonders geeignet erscheinende Theorie des russischen Physiologen *Iwan Petrowitsch Pawlow* (1849–1936), der sich mit seinen Forschungen über die Konditionierung von Verhalten bei Tieren und Menschen international wissenschaftliche Reputation erwarb. Obwohl *Lukács* bei *Pawlow* das Fehlen des für den Marxismus unverzichtbaren Arbeitsbegriffs beklagt, entnimmt der Theorie *Pawlows* wesentliche Voraussetzungen für die Entwicklung eines in den Künsten sich spezifisch entfaltenden symbolischen Systems, das den Prozess ästhetischer Evokation von der psychologischen Seite her vervollständigen soll (Lukács 1963b, S. 11–38). Zwischen einem „Signalsystem 1“ der bedingten Reflexe und einem „Signalsystem 2“ der Sprache (und des Denkens) unterscheidend, konzipiert er ein drittes „Signalsystem 1’“, das die weder den bedingten Reflexen noch der Ebene kognitiver Bewusstheit subsumierbare Qualität des Ästhetischen und die ihr immanente Potenz der Evokation organisiert. Zwar ist die Funktionsfähigkeit auch des „Signalsystems 1’“ in den Tatsachen des Lebens verankert, aber seine eigentliche Entfaltung und Bestimmung erfährt es in der Sphäre des Ästhetischen. Das „Signalsystem1’“ reißt sich nie endgültig von der Alltagswirklichkeit los, wird aber erst dadurch zu einem Strukturmerkmal von Kunst, da es alle Momente der Wirklichkeit evokativ mit Hilfe der jeweiligen „homogenen Medien“ durchdringt und so eine Verallgemeinerung ermöglicht, die den nur partiellen Operationen des „Signalsystems 1“ im alltäglichen Leben verschlossen bleibt.

Mit der Tendenz zur Verallgemeinerung ist aber für *Lukács* die Ausschließlichkeit des einzelnen Kunstwerks in seiner Singularität nicht aufgehoben (vgl. Lukács 1963b, S. 310/311). Während die wissenschaftliche Widerspiegelung jedes „Für-uns“, wie *Lukács* sich begrifflich in *Hegelscher* Manier ausdrückte, immer nur als Teilmoment umfassenderer Zusammenhänge rezipieren und verarbeiten kann, steht ein Kunstwerk in seiner „Werkindividualität“ ausschließlich für sich, ohne damit jedoch seine Identität von „An-sich“, „Für-uns“ und „Für-sich“ zu verlieren; denn das Kunstwerk kann die Wirklichkeit des „An-sich“ nur adäquat erschließen und dem „Für-uns“ zugänglich machen, wenn es sich ästhetisch radikal als „Für-sich“, als unverwechselbare, einzigartige künstlerische Leistung realisiert.

Die Explikation der ästhetischen Kategorien und ihres Zusammenhangs hält *Lukács* für eine unabdingbare Voraussetzung dafür, im letzten Teil des 2. Halbbandes noch einmal die emanzipatorische Funktion der Kunst in den Mittelpunkt zu stellen. Um die „tiefste Menschenbejahung“ durch authentische Kunst bewusst machen zu können, scheint es ihm notwendig, gerade den Fragen der ästhetischen Form und des künstlerisch Formalen eine privilegierte Bedeutung in seinen Überlegungen zuzumessen (vgl. Lukács 1963b, S. 831). Nur so erachtet er es für möglich, den emanzipatorischen Sinn von Kunst überzeugend darzustellen, ohne in bloße ideologische Bekenntnisethik abzugleiten. Nur so sieht er sich legitimiert, die besondere Funktion der Kunst im geistigen Emanzipationskampf der Menschen zu begründen und ihre Widerspiegelungsleistung als denen der Wissenschaften nicht entgegengesetzt, sondern komplementär auszuweisen. Im Bemühen, die Menschen aus den Bindungen an die sie ihrer Wirklichkeit entfremdenden fetischisierenden „Transzendenz“ zu befreien, gehen Kunst und Wissenschaft, so *Lukács* ein Bündnis ein, innerhalb dessen sie eine konstitutive Gemeinsamkeit aktivieren können: die Fähigkeit, die „bloße Partikularität“ der an beiden mimetischen Formen Beteiligten sowohl im Blick auf ihre Praxis als auch auf die Zwecke und Objektivationen dieser Praxis zu überschreiten, um den Menschen ihre Rolle als „selbstständige Beherrscher“ (Lukács 1963b, S. 834) ihrer natürlichen und gesellschaftlichen Umwelten zurückzugeben.

Ebenso wie mit seiner „Ästhetik“ versuchte *Lukács* auch mit dem zweiten großen Projekt der letzten Schaffensperiode, der *„Ontologie“* (Lukács 1984, 1986) – dieses Mal auf dem Gebiet der Philosophie – den Marxismus von konkurrierenden marxistischen Diskursen wie der Orthodoxie in den staatssozialistischen Ländern, aber auch von der „Frankfurter Schule“ sowie von „bürgerlicher“ Philosophie wie dem Existentialismus, dem Neopositivismus und namentlich der idealistischen Ontologie *Nicolai Hartmanns* (1882–1950) abzugrenzen und ihm eine neue systematische Form zu geben. Zwischen der *„Ästhetik“* und der *„Ontologie“* gibt es zahlreiche Parallelen und Verbindungen. Probleme wie das der Ethik und der Entfremdung tauchen in beiden Werken auf.

In der ontologischen Fundierung des menschlichen Seins kommt der Arbeit bzw. Praxis eine anthropologische Bedeutung zu; denn der Mensch als Gattungswesen definiert sich durch Praxis, die sich wiederum geschichtlich entfaltet und damit eine konstante Substantialität des menschlichen Wesens ausschließt. Trotz ihrer unaufhebbaren Bindung an natürliche materielle Voraussetzungen ist es den Menschen möglich, im Vollzug individueller und gesellschaftlicher Praxis Spielräume nicht-determinierten Handelns und so Alternativen zu den entfremdenden Zwängen gesellschaftlicher Verhältnisse zu schaffen. Allerdings relativiert *Lukács* gleichzeitig utopische Hoffnungen auf eine definitive Aufhebung von Entfremdung (vgl. Dannemann o. J., S. 91 f.).

Fazit 13

Lukács hat das geistige Leben in Europa in komplexer Weise und auf vielen Gebieten nachhaltig beeinflusst, immer wieder zu Kontroversen herausgefordert und sowohl in seiner Frühzeit als auch während der folgenden fünf Jahrzehnte im Zeichen marxistischen Denkens neue Wege zum Verständnis kultureller Prozesse und Phänomene beschritten. Aus dem Kreis seiner Schülerinnen und Schüler ging die „Budapester Schule" hervor, die Ideen und Themen von *Lukács* verarbeitete und weiter zu entwickeln suchte. Namentlich sind *Agnes Heller* mit ihrer Theorie des Alltags (Heller 1978) und *György Márkus* mit dem Entwurf einer marxistischen Anthropologie (Márkus 1981) hervorgetreten. Später sind die Akteure der „Budapester Schule" jedoch zu *Lukács* auf Distanz gegangen, weil sie dessen ontologische Wende nicht nachvollziehen wollten. Seit der mit den achtziger Jahren einsetzenden Krise des Marxismus hat das Interesse an Lukács allgemein nachgelassen und die Beschäftigung mit seinem Werk spielt sich eher in kleinen Gruppen kompetenter Fachleute und Sympathisanten als in den Arenen gegenwärtiger intellektueller Diskurse ab. In Deutschland kommt vor allem der „Internationalen Georg-Lukács-Gesellschaft" (Paderborn) das Verdienst zu, die wissenschaftliche und politische Bedeutung von *Lukács* im kollektiven intellektuellen Bewusstsein aufrecht zu erhalten. Versucht man abschließend eine Bilanz des eindrucksvollen Werks von *Lukács* zu ziehen, so sind wohl vor allem folgende, die normale Verfallszeit geistiger und kultureller Produkte weit überdauernde Leistungen hervorzuheben:

Die subtilen Analysen der Zusammenhänge zwischen künstlerischem Erleben und ästhetischer Formgebung in der Frühphase, die Typologie in der „*Theorie des Romans*", die Entwicklung des Verdinglichungsproblems in „*Geschichte und Klassenbewußtsein*", die wegweisenden Studien über Schriftsteller des literarischen Realismus und der grandiose Versuch, auf der Basis des Marxismus eine systematische Theorie des Ästhetischen zu entwickeln.

L. Peter, *Georg Lukács. Kultur, Kunst und politisches Engagement,* essentials,
DOI 10.1007/978-3-658-11458-9_13

Was Sie aus diesem Essential mitnehmen können

- Einblicke in Probleme intellektuellen Engagements
- Erkenntnisse darüber, dass Kunst und Literatur immer auch gesellschaftliche und politische Prozesse und Widersprüche reflektieren
- Anhaltspunkte für die Relevanz und Grenzen marxistischer Literaturbetrachtung
- Informationen über die Begründung einer marxistischen Ästhetik

L. Peter, *Georg Lukács. Kultur, Kunst und politisches Engagement,* essentials,
DOI 10.1007/978-3-658-11458-9

Literatur

Adorno, Theodor W. 1961. Erpresste Versöhnung. In *Noten zur Literatur II*, Hrsg. Theodor W. Adorno. Frankfurt a. M.: Suhrkamp.

Anderson, Perry. 1978. *Über den westlichen Marxismus* (engl. 1976). Frankfurt a. M.: Syndikat.

Benn, Gottfried. 1960. O dass wir unsere Ururahnen wären. In *Gedichte, Gesammelte Werke in acht Bänden*. Bd. 1, Hrsg. Gottfried Benn und von Dieter Wellershoff. Wiesbaden: Limes.

Bloch, Ernst. 1969. Diskussion über Expressionismus (zuerst 1938). In *Marxismus und Literatur. Eine Dokumentation in drei Bänden*. Bd. II, Hrsg. Fritz J. Raddatz, 7–42. Reinbek: Rowohlt.

Brecht, Bertolt. 1969a. Bemerkungen zu einem Aufsatz. In *Marxismus und Literatur*, Hrsg. Fritz J. Raddatz, 95–98. Reinbek: Rowohlt.

Brecht, Bertolt. 1969b. Volkstümlichkeit und Realismus. In *Marxismus und Literatur*, Hrsg. Fritz J. Raddatz, 99–104. Reinbek: Rowohlt.

Brecht, Bertolt. 1969c. Über den formalistischen Charakter der Realismustheorie. In *Marxismus und Literatur*, Hrsg. Fritz J. Raddatz, 89–94. Reinbek: Rowohlt.

Dannemann, Rüdiger. o. J. (1997). *Georg Lukács. Eine Einführung*. Wiesbaden: Panorama.

Dutschke, Rudi. 2009. Besuch bei Georg Lukács (Aus dem Tagebuch, Mai 1966). In *Georg Lukács und 1968. Eine Spurensuche*, Hrsg. Rüdiger Dannemann, 273–274. Bielefeld: Aisthesis.

Fogarasi, Béla. 1960. Der revisionistische Charakter einiger philosophischer Konzeptionen von Georg Lukács. In *Georg Lukács und der Revisionismus. Eine Sammlung von Aufsätzen*, Hrsg. Hans Koch et al., 303–321. Berlin: Aufbau-Verlag.

Gallas, Helga. 1971. *Marxistische Literaturtheorie. Kontroversen im Bund proletarisch-revolutionärer Schriftsteller*. Neuwied: Luchterhand.

Gedö, András. 1960. Zu einigen theoretischen Problemen des ideologischen Klassenkampfes. In *Georg Lukács und der Revisionismus*, Hrsg. Hans Koch et al., 29–78. Berlin: Aufbau-Verlag.

Heller, Agnes. 1978. *Das Alltagsleben. Versuch einer Erklärung der individuellen Reproduktion*. (Hrsg. und eingeleitet von Hans Joas). Frankfurt a. M.: Suhrkamp.

Honneth, Axel. 2005. *Verdinglichung. Eine anerkennungstheoretische Studie*. Frankfurt a. M.: Suhrkamp.

L. Peter, *Georg Lukács. Kultur, Kunst und politisches Engagement*, essentials,
DOI 10.1007/978-3-658-11458-9

Horváth, Márton. 1969. Über die Lukács-Diskussion. In *Marxismus und Literatur*. Bd. II, Hrsg. Fritz J. Raddatz, 178–184. Reinbek: Rowohlt.

Kammler, Jörg. 1974. Politische Theorie von Georg Lukács. *Struktur und historischer Praxisbezug bis 1929*. Darmstadt: Luchterhand.

Karádi, Éva, und Erzsébet Vezér, Hrsg. 1985. *Karl Mannheim und der Sonntagskreis* (ung. 1980). Frankfurt a. M.: Sendler.

Krause, Hartfried. 1975. *USPD. Zur Geschichte der Unabhängigen Sozialdemokratischen Partei Deutschlands*. Frankfurt a. M.: Europäische Verlagsanstalt.

Lichtheim, George. 1971. *Georg Lukács* (engl. 1970). München: dtv.

Lukács, Georg. 1949. *Der russische Realismus in der Weltliteratur*. Berlin: Aufbau-Verlag.

Lukács, Georg. 1952a. *Deutsche Realisten des 19. Jahrhunderts*. Berlin: Aufbau-Verlag.

Lukács, Georg. 1952b. *Balzac und der französische Realismus*. Berlin: Aufbau-Verlag.

Lukács, Georg. 1953. *Skizze einer Geschichte der neueren deutschen Literatur*. Berlin: Aufbau-Verlag.

Lukács, Georg. 1955a. Kunst und objektive Wahrheit. In *Probleme des Realismus*, Hrsg. Georg Lukács, 5–46. Berlin: Aufbau-Verlag.

Lukács, Georg. 1955b. Erzählen oder Beschreiben? Zur Diskussion über Naturalismus und Formalismus (zuerst 1936). In *Probleme des Realismus*, Hrsg. Georg Lukács, 103–1045. Berlin: Aufbau-Verlag.

Lukács, Georg. 1955c. Ein Briefwechsel zwischen Anna Seghers und Georg Lukács. In *Probleme des Realismus*, Hrsg. Georg Lukács, 240–270. Berlin: Aufbau-Verlag.

Lukács, Georg. 1958. *Wider den mißverstandenen Realismus*. Hamburg: Claasen.

Lukács, Georg. 1963. Repräsentative Lyrik in der wilhelminischen Zeit (zuerst 1944). In *Schriften zur Literatursoziologie* (Ausgewählt und eingeleitet von Peter Ludz), Hrsg. Georg Lukács. 2. Aufl., 469–475. Neuwied: Luchterhand.

Lukács, Georg. 1963a. Ästhetik, Teil I: Die Eigenart des Ästhetischen, 1. Halbband. In *Werke*. Bd. 11, Hrsg. Georg Lukács. Neuwied: Luchterhand.

Lukács, Georg. 1963b. Ästhetik, Teil I: Die Eigenart des Ästhetischen, 2. Halbband. In *Werke*. Bd. 12, Hrsg. Georg Lukács. Neuwied: Luchterhand.

Lukács, Georg. 1967. *Geschichte und Klassenbewußtsein. Studien über marxistische Dialektik* (zuerst 1923). Amsterdam: Thomas de Munter.

Lukács, Georg. 1969a. „Größe und Verfall" des Expressionismus (zuerst 1934). In *Marxismus und Literatur*. Bd. II, Hrsg. Fritz J. Raddatz. 7–42. Reinbek: Hamburg.

Lukács, Georg. 1969b. Es geht um den Realismus (zuerst 1938). In *Marxismus und Literatur*. Bd. II, Hrsg. Fritz J. Raddatz, 60–86. Reinbek: Hamburg.

Lukács, Georg. 1971. *Die Seele und die Formen*. Essays (zuerst 1911). Berlin: Luchterhand.

Lukács, Georg. 1981. *Gelebtes Leben. Eine Autobiographie im Dialog*. Frankfurt a. M.: Suhrkamp.

Lukács, Georg. 1984. *Zur Ontologie des gesellschaftlichen Seins*. 1. Halbband. Bd. 13 (von Georg Lukács Werke). Darmstadt: Luchterhand.

Lukács, Georg, 1986. *Zur Ontologie des gesellschaftlichen Seins*. 2. Halbband. Bd. 14, Darmstadt: Luchterhand.

Lukács, Georg. 1988. *Die Zerstörung der Vernunft. Der Weg des Irrationalismus von Schelling bis Hitler* (zuerst dtsch.1954). 4. Aufl. Berlin: Aufbau-Verlag.

Lukács, Georg. 2009. *Die Theorie des Romans. Ein geschichtlicher Versuch über die Formen der großen Epik* (zuerst 1916). Bielefeld: Aisthesis.

Márkus, György. 1981. *„Anthropologie" und Marxismus*. Hamburg: VSA.

Marx, Karl. 1969. *Das Kapital. Kritik der politischen Ökonomie*. Erster Band, 85–98. Berlin: Dietz.

Marxismus-Kollektiv, Hrsg. 1969. Lukácsdebatte. Philosophie und Revolution. Zur Wirkungsgeschichte von „Geschichte und Klassenbewußtsein“ (J. Revai, L. Rudas, A. Deborin, E. Bloch, o.O.).

Pasternack, Gerhard. 1985. *Georg Lukács. Späte Ästhetik und Literaturtheorie*. Königstein: Anton Hain.

Peter, Lothar. 1972. *Literarische Intelligenz und Klassenkampf. „Die Aktion“ 1911–1932*. Köln: Pahl-Rugenstein.

Raddatz, Fritz J. 1972. *Georg Lukács in Selbstzeugnissen und Bilddokumenten*. Reinbek: Rowohlt.

Rudas, Ladislaus. 1969. Orthodoxer Marxismus? In Marxismus-Kollektiv: Lukácsdebatte. Zur Wirkungsgeschichte von „Geschichte und Klassenbewußtsein“, 493–517.

Rühle, Jürgen. 1963. *Literatur und Revolution. Die Schriftsteller und der Kommunismus*. München: Kiepenheuer & Witsch.

Weber, Hermann. Hrsg. 1966. *Die Kommunistische Internationale. Eine Dokumentation*. Hannover: Dietz.

Ziegler, Bernhard (i.e. Alfred Kurella). 1969. „Nun ist dies Erbe zuende“ (zuerst 1937). In *Marxismus und Literatur*. Bd. II, Hrsg. Fritz J. Raddatz, 43–50. Reinbek: Rowohlt.

Zum Weiterlesen

Dannemann, Rüdiger, Hrsg. 1986. *Georg Lukács – Jenseits der Polemiken. Beiträge zur Rekonstruktion seiner Philosophie*. Frankfurt a. M.: Sendler.